製造業のための
統計の教科書

今泉 忠・平野健次 著

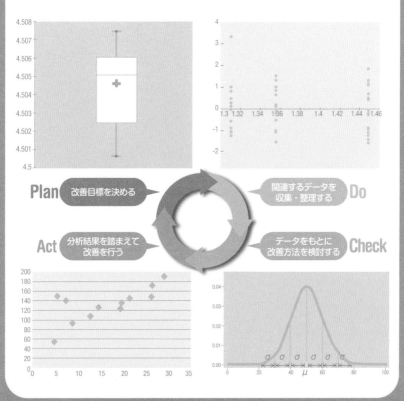

日刊工業新聞社

はじめに

　日本の製造現場での品質管理の歴史は長く、日本製品の品質は世界でも高く評価され「改善」はKaizenとして英語の単語にもなっている。このような広がりの中、プログラブルな工作機械の導入が進み、世界中どこでも高品質な製品を短時間に製造できるようになってきている。製造現場でのコンピュータ導入に支援された工作機械の高度化に伴い、作業がルーティン化し規格に合った製品の製造は容易になった。

　しかし一方では、従来から経験的な技を用いてのみ製造可能であった付加価値が高く品質も高い製品もある。例えば、従来は経験知によるものが多かった農業などでも品質管理が可能になってきている。例えば、ミカン生産などもその外観（色・傷・病気・サイズ）品質や味（糖度・酸度・浮き皮・す上がり）品質について収集し、選別できるようにもなっている。これにより、他のミカンに比べてより高品質で付加価値の高いものの製造を可能としている。

　このように製造ラインでのコンピュータ導入やセンサー機器の導入により収集される製品の製造工程での量的データや質的データなど多種多様な多くのデータが収集できるようになった。製造現場でも変化の早い現在では、このように収集されたデータをもとに、ゼロベースから製造現場での品質管理の向上やさらなる問題解決を図るということが必須になっている。データの利活用により経験のみでは解決が困難であった問題について製造現場全体としての問題解決が可能となるのである。

　このデータを利活用した問題解決は、問題解決のための取り組み方と基本的な考え方の理解と手法を習得すれば、だれでも修得でき新しい改善案も提案できる。

　近年では、そのためのデータ分析ソフトなども数多くあり、EXCELの分析ツールやJMPやSPSSやRなどを用いてデータを分析できる。その場合に、改善目標を達成するための枠組みを理解してデータ分析ソフトを用いれば「鬼に金棒」である。

本書は改善目標を達成できるスキルの修得を意図して、問題解決のためのステップとして
　　P：問題の把握因果関係の仮説化
　　D：データの収集
　　C：モデルのあてはめ
　　A：予測と提案
を想定して、製造現場での活用を意図したいくつかのケースについて、このPDCAサイクルをもとにした改善手順について説明している。

　本書では、具体的な改善を測る指標として平均を取り上げている。特に、平均の変化のみだけではなく、その変化が統計的にも意味のある変化と見なせるかどうかを検討することについて述べている。これは、読者が改善を平均のみという1次元的な物差しで捉えるのではなく、平均×標準偏差という2次元的な面で捉えられるようになることを目標にしているからである。この統計的な見方を修得することで、センサーなどからの大量のデータに臆することなく次の製品製造のための絶えざる改善を実施し、やがて、データに潜んでいる次のイノベーションを創り出すのである。

　読者にはぜひ、PDCAサイクルでの平均と平均の標準偏差の利活用力を修得してほしいと願っている。

目　　次

はじめに………………………………………………………………… i

第1章　製造現場の問題解決のための手法

1.1　データ収集と統計グラフ……………………………………… 2
　1.1.1　データ収集……………………………………………… 2
　1.1.2　質的データを整理するための円グラフと棒グラフ…… 3
　1.1.3　量的データを整理するヒストグラム、折れ線グラフ、
　　　　　散布図………………………………………………… 6

1.2　PDCAサイクルにより改善する……………………………… 9
　1.2.1　問題解決のステップ…………………………………… 9
　1.2.2　問題を把握する………………………………………… 12
　1.2.3　因果関係の仮説を立てる……………………………… 12
　1.2.4　データを収集する……………………………………… 13
　1.2.5　改善のための因果モデルにあてはめる……………… 15
　1.2.6　予測により改善する…………………………………… 16

1.3　量的データの相関関係と因果関係を考える………………… 19
　1.3.1　相関関係を想定する場合……………………………… 20
　1.3.2　因果関係を想定する場合……………………………… 20
　1.3.3　原因系が質的データである場合……………………… 23

第2章 統計分布を活用する

《データ収集の原則》……………………………………………… 26
ケース 2.1 製品の不良品率を二項分布で検討する ……………… 27
ケース 2.2 小さな不良品率をポアソン分布で検討する ………… 33
ケース 2.3 ボールペン製作時間を正規分布で検討する ………… 38

第3章 要約統計量を用いてデータの特徴を捉える

ケース 3.1 オーバーホール前後の工作機械の性能は同じか … 44
ケース 3.2 紙コプターの滞空時間を伸ばす翼長を選択する … 55
ケース 3.3 紙コプターの最適な翼長を決める …………………… 63

第4章 平均精度のブレを考慮して改善する

4.1 多くのデータからの平均を利用する …………………… 74
ケース 4.1.1 工作機械の平均精度を検討する …………………… 76
ケース 4.1.2 不良品率のブレを検討する ………………………… 80
ケース 4.1.3 性能を比較検討する ………………………………… 81

4.2 平均精度を検定する ………………………………………… 84
ケース 4.2.1 工作機械の平均精度が規格内か検定する …… 84
ケース 4.2.2 2つの条件下の結果には差があるかを検定する … 87
ケース 4.2.3 2つのラインに差があるかを検定する …………… 90

第5章 実験をもとにデータを収集する

5.1 制御する要因が1つの場合 …………………………… 96

ケース5.1.1 要因でデータのブレを説明する …………………… 96

ケース5.1.2 定電圧電源内部の鉄芯について検定する ……… 102

5.2 制御する要因が2つの場合 …………………………… 106

ケース5.2.1 テープが最適な接着強度となる温度と材質は … 106

ケース5.2.2 コピー画像の転写性を決定する要因は何か …… 111

5.3 直交配列表でデータを一部収集する ………………… 114

第6章 改善目標達成のために複合要因を扱う

ケース6.1 改善目標の最大値を探る ……………………………… 118

ケース6.2 改善するために量的データと質データを制御する
……………………………………………………………… 128

ケース6.3 改善目標が成功か失敗か ……………………………… 133

第7章 需要予測をもとに改善や新製品の開発を行う

ケース7.1 ビールの売上を予測する ……………………………… 142

ケース7.2 新規開店の料理店の「売り」を探す ………………… 151

索 引 ………………………………………………………………… 158

第 1 章

製造現場の問題解決のための手法

　工作機械の高性能化により、より高い精度での部品製造などが容易に行えるようになった。また、同時に品質管理のためにデータも膨大に収集されるようになった。日頃から、この製造過程のデータを利活用できれば、それぞれの製造現場での問題解決を行うことが可能となる。不良品などが発生するには偶然以外の要因が働いている。
　このような日々さまざまな状況で発生している問題を解決するために、収集されているデータをもとに統計データとして分析して利活用するための基本的な事柄や手法について説明する。

1.1 データ収集と統計グラフ

　近年、センサーなどの利活用で大量のデータを容易に収集することができるようになった。「ビッグデータ」と呼ばれる時代である。

　大量のデータがあると改善に活用できるデータの量も多くなると考えられるが、この場合、収集されている項目（要因）も多くなっている。改善のための要因数を考える場合に、1つの要因の効果のみではなく、2つの要因が同時に働いて改善が実現する場合までを含めて考えてみると、その個数は「要因数＋2個の要因の組数」となる。改善を少ない要因数で制御することを図る観点からは、そのための要因を発見して調整できる現実的な要因数は5個以下であろう。

　したがって、要因で説明できない誤差を含んだデータから重要な要因を検出しなければならない。そのためにも基本的なデータ収集を理解しておく必要がある。また、収集したデータの特徴を分析前に捉えることが求められる。

1.1.1　データ収集

　我々が扱うデータとしては、製品の不良品数や性能などの改善項目について収集する場合が考えられる。この場合には、事前にさまざまな収集条件（温度、型、…）のもとで改善目標について収集する。また、製品に関する顧客満足度調査のようにアンケートとして収集される場合がある。

（1）実験データ

　実験を行う場合には、原因系として我々が制御できる要因について、それぞれの条件の組合せごとにデータを収集するが、特定の要因の影響に偏りがでないように、組合せ数はできるだけ揃える。

　原因系の要因の組合せでは、例えば、「温度×材料流し込み時間」のような交互作用項があると考えられる。多くの交互作用項があると、個々の要因での改善と組合せでの改善が合わされて改善案の提案が困難になるので、重要な組合せを発見するように努める。

　ある条件のもとでデータを収集する場合には、そのデータが他のデータの影

響を受けにくいように、ランダムな組合せ順にデータを収集する。しかし一方、工作機械の摩耗も考えられる場合には、それは隠れた要因であるので、実験順も要因として記録する必要がある。これについては第5章の直交配列表で扱う。

(2) アンケートデータ

製品に関する顧客満足度調査などのデータをもとに改善することも行われている。多くの場合、そのデータでは、以下のような質問がなされる。

質問「あなたは、この＊＊飲料の飲み心地はどうでしたか。」
　　　大変満足　　満足　　やや満足　やや不満　不満　大変不満
質問「この＊＊飲料はどのくらい飲まれますか」
　　　毎日1本　　週1本　　月1本　　半年に1本　　年1本

これらのデータは本質的には質的データであるが、実際には量的データとして扱われる場合が多い。その場合には、データをどのように再コードするかについて社内でルールを明確にしておく必要がある。

1.1.2　質的データを整理するための円グラフと棒グラフ

工場で生産ラインが3ラインあり、そこでの不良品の個数を検討する場合について考えてみよう。この場合には、データは**表1.1.1**のように集計される。質的データである場合には、平均を求めることはできない。

この3つのラインについて比較する場合のグラフとしては、**円グラフ**と**棒グ**

表1.1.1　不良品の頻度（100個当たり）
　　　　　　100ロット

不良品数	ライン1	ライン2	ライン3
0	90	84	90
1	0	4	5
2	5	4	3
3	3	4	1
4	2	2	0
5	0	2	1
6以上	0	0	0

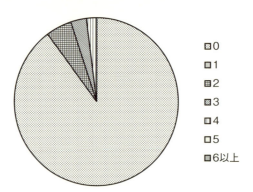

図 1.1.1　ライン 1 での不良品数の円グラフ

ラフを用いることができる。円グラフは全体の中での構成比をみるためのグラフであり、データの値と円の全体の面積を 100 となるようにしたときの面積の割合を対応付けて作成される。例えば、ライン 1 での不良品個数（この場合には不良品数として 0 も含めているので、全体の個数との比率にもなっている）について作成すると図 1.1.1 のようになる。

　同様に、他の 2 つのラインについても円グラフを作成でき、個々のラインがどのようになっているかを捉えることはできる。しかし、3 つのラインを比較しようとすると、異なるグラフ間で項目（不良品数）の対応をチェックしながらの比較なので分かりにくくなり、比較が難しくなる。

　このように 3 個以上について、ある要因に関して視覚的に捉える場合には棒グラフが適切である（図 1.1.2）。棒グラフは、棒の高さで量の大小を比較するためのグラフである。ここでは、不良品数が 0 の場合も含めているが、総数は同じであるので、この部分を除いたグラフでも比較できる（図 1.1.3）。また、グラフの下部にデータも合わせたグラフを作成することは比較する点からも有効である（図 1.1.4）。棒グラフと類似したグラフには、構成比を比較するための帯グラフもある。

　円グラフや棒グラフを用いて表示するには以下の点に注意してほしい。

　・グラフを見た人は、項目に対応する部分の面積で視覚的な大きさを理解す

第1章　製造現場の問題解決のための手法

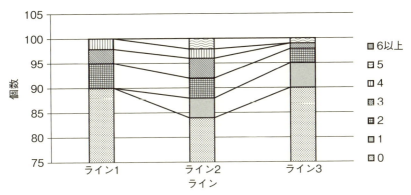

図1.1.2　ライン間の不良品数の比較のための（積み上げ）棒グラフ

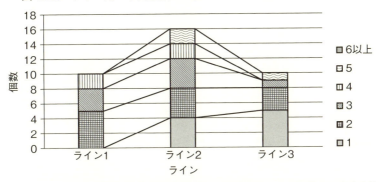

図1.1.3　ライン間の不良品数の比較のための（積み上げ）棒グラフ（不良品数0の場合を除いた）

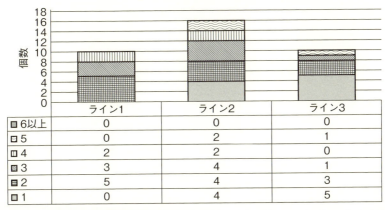

図1.1.4　ライン間の不良品数の比較のための（積み上げ）棒グラフ（下部にデータも表示）

る場合が多いので、立体化した円グラフなどを用いてはいけない。

・円グラフや帯グラフなどで構成比を表示する場合にはデータの件数を必ず記入する。

・総数が異なる場合に不良品数でグラフを作成すると誤解を招くので、必ず比率に直した値をもとにグラフをする。その場合には、何を分母に取ったのか、データの件数は何件であったのかも図に記入するようにする。

・質的データの値の大きさに順序がある場合（不良品の個数や都道府県や観測日などの時間）を除いては、その値でのデータの件数の大きい順に並べて作図する。

1.1.3 量的データを整理するヒストグラム、推移グラフ、散布図

部品からボールペン完成時間までのデータを整理することにしよう。この場合に管理するのは時間なので量的データである。これをまとめる場合には、時間を適切な（等）間隔区間で区切って、その区間に含まれるデータの件数に関してグラフを作成する。

ヒストグラムはデータの散らばり具合を見る（図 1.1.5）。棒グラフと異なる

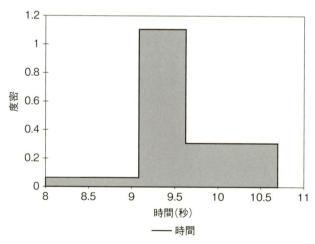

図 1.1.5　ボールペン完成時間のヒストグラム

のは以下の点である。
　・区間数や区間幅を分析者が決定する。区間幅をできるだけ等間隔にする。等間隔が困難である場合には、データの件数が区間幅×高さと比例するようにする。また、区間数は5から10くらいでデータの散らばり具合を調べる。
　・量的データなので隣り合った棒は密接に隣接するようにする。
　商品開発などでの時系列データや、日ごと不良率の変化のようなデータを表現するのが**折れ線グラフ**である。量が増えているか減っているか、変化の方向を見るグラフである。
　表1.1.2は、ある年のビール会社4社のビールテイスト清涼飲料月次販売動向データである。これから変化を見るために**図**1.1.6の折れ線グラフを作成した。これから9月から11月の売上数が落ちていることが見て取れるので、業界としては生産数などに注意することが示唆される。
　時系列データでは、複数の項目間比較や伸び率を検討する場合には、ある基

表1.1.2　ビール会社4社のビールテイスト清涼飲料月次販売動向データ

月	1月	2月	3月	4月	5月	6月	7月	8月	9月	10月	11月	12月
函数(単位：万函)	55	149	93	126	135	146	172	190	148	124	108	141
前年比（%）	14.6	101.4	2.2	41.6	75.3	58.7	19.4	48.4	27.6	31.9	17.4	16.5

アサヒビール　factbook2013-4q より

図1.1.6　ビールテイスト売上数

準年のデータの値を100として、

    データの値/基準年のデータの値×100

とした指数化したデータをもとに折れ線グラフを作成する。

　生産数を計画する場合には、競合他社の戦略もあるので難しいが、この月はこれくらいと決定するのは杓子定規であろう。そこで、気温と消費量間に関係があるではないかとして、2つの量的データ間の相関関係を示すグラフが**散布図**である（表1.1.3、図1.1.7）。

表1.1.3　気温のデータ

月	平均	日最高	日最低
1月	4.8	8.3	1.8
2月	5.4	9.1	2.2
3月	8.8	12.5	5.3
4月	14.5	18.5	11.0
5月	19.6	23.6	16.1
6月	21.4	24.8	18.6
7月	26.4	30.1	23.5
8月	29.1	33.1	26.3
9月	26.2	29.8	23.3
10月	19.4	23	16.2
11月	12.7	16.3	9.6
12月	7.3	11.2	3.8

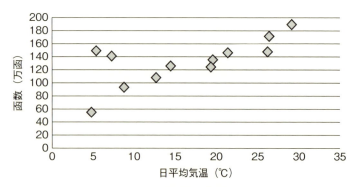

図1.1.7　日平均気温と消費量の散布図

散布図は相関関係があるかないか、ある場合には、どの程度直線的な関係であるかを捉えるものであり、因果関係を示すものではない。しかし、散布図を作成する場合に、ある因果関係を想定している場合には、**原因系を x 軸に、結果系を y 軸**に取るようにする。図1.1.7で x 軸に日平均気温がとってあるのは、日平均気温が変化すると消費量は変化するのでないかと考えていることを示唆している。

1.2 PDCA サイクルにより改善する

1.2.1 問題解決のステップ

ある文房具メーカーの定番商品としてボールペンがある。これは4つの部品からなっているが、インク（替）芯やばねのセットには手作業が必要である。単位時間当たりの完成品数を最適化するために、作業工程を検討することにした（**表1.2.1**）。

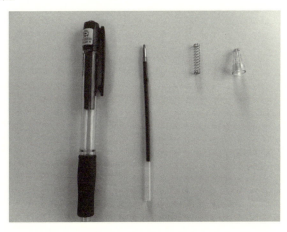

改善を図る場合には、その前に、何を改善するために、どのような要因が必要と考えたのかを明確にしておかないと、その結果での平均の利活用なども不適切なものになる。

ここでは、ボールペンの製作での手作業の部分の最適化を取り上げている。この場合、部品の不良品、例えばバネが弱い、などの判定は行わないとする。

表 1.2.1　ボールペンの完成時間
(3 人の作業者の 10 本の製作時間) (秒)

回　数	作業者 1	作業者 2	作業者 3
1	8.9	9.5	8.3
2	9.2	9.4	9.1
3	10.3	9.3	9.3
4	9.5	9.6	9.6
5	9.1	9.4	10.6
6	10.1	9.8	9.8
7	9.9	9.5	9.2
8	9.2	9.5	9.5
9	10.4	9.5	10.3
10	10.3	9.4	10.1

　この最適化について整理すると
　・ボールペン1本を完成するのは1人の作業者
　・最適化するのは、1本当たりの製作時間の短縮と製作時間の変動の減少
となる。
　また、作業時間の短縮に寄与すると予想される要因としては次のようなことがある。
　（A）個々の部品を組み込んでいく時間の最適化
　（B）部品の組み合わせ順の時間の最適化
　このような場合に、隠された要因として作業者の個人特性なども考えられ、要因（C）として列挙することもできよう。しかし、要因として取り上げるかどうかの判断基準は、考えた要因を我々がコントロールできるかどうかである。このようにコントロールが難しい要因は、まとめて誤差とすることで改善方法についての具体的な施策を提案し実施することが可能となる。
　一般的な問題解決のためのステップは、**表 1.2.2** のようになる。
　また、第3章以降での具体的な事例を扱う場合には**図 1.2.1** のような **PDCA サイクル**を用いて扱っている問題を整理して表現する。

第1章 製造現場の問題解決のための手法

表1.2.2 問題解決のステップ

流れ	手順	内容	必要となる技能や用具
Plan 問題を具体的な改善目標として表現する	問題の把握	以前に比べて何が問題となっているかを整理し、改善の必要性を明確に認識する	工程についての知識と判断力
	因果関係についての仮説	改善指標の設定、その変動要因の検討と取捨選択	具体的な目標としての設定とモデルとしての表現
Do データを収集して、傾向などの基礎的な分析を行う	データの収集と集計	仮説として取り上げた項目に関するデータの収集と集計	IT機器、PC、集計ソフト
Check Pでの仮説をモデル化して表現してその適合について分析を行うことで検討する	モデルのあてはめ	仮説を表現したモデルの当てはめと選択、残差の検討	分析ソフト
Act 結果を踏まえて、改善案を提案する	結果を用いた予測や説明による改善	要因の制御	工程についての知識と判断力

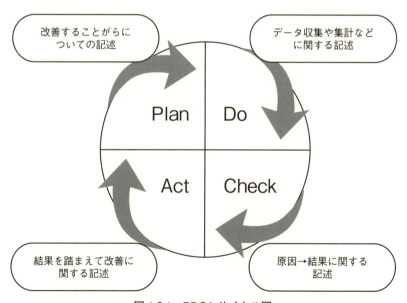

図1.2.1 PDCAサイクル図

1.2.2 問題を把握する

ボールペンの完成時間の改善を図るためには、次のような問題の把握が必要である。

・現状の理解

従来の作業時間はどの程度あるのかなどを調べることになるが、その前に、改善目標を何にするかについて検討しておく必要がある。例えば、「改善時間を短くする」といっても、具体的な数値がないので、1％短くしても改善したことになる。一方、様々な改善実施を行っている場合には5％短縮するだけでも困難である。したがって、根拠ある改善目標を数値として表現する必要があり、過去がどうであったか現状がどうかなどのデータを収集する必要がある。この改善目標が外部から提示される場合もある。そのような場合でも同様なデータを収集する必要がある。

・決めること：改善目標、過去または現在の状況に関するデータの収集

1.2.3 因果関係の仮説を立てる

改善目標を達成するためにはさまざまな要因（制御因子）がある。その中の要因は、お互い関係し合っている場合もある。また、経験から要因を決定できなそうな場合もある。しかし、経験からの要因については、すでに検討されていたが改善できなかったので新規の改善が必要になったと考えられるので、改善目標を達成するための要因検討では、ゼロベースからの検討が行う必要がある。

（1）主要な要因の選定

改善目標の決定後には、その変化を引き起こす要因の選定となる。通常多くの要因があり、さまざまな経験などから多くの要因が列挙される場合がある。しかし、要因数が多くなると、どの要因群が第一次的に重要な要因であるかの検討も難しくなるので、できるだけ単純化して要因を列挙することは必須である。また、「作業員間の協調性」という要因が重要であると提案された場合、従来は計測できないとして扱われていなかったが現在はセンサー技術を用いて

さまざまな計測ができる。このようなことから従来の経験からの判断のみで要因を列挙すると新しい変動要因を見逃すことにもなるので、ゼロベースでの要因の取捨選択が必要となる。

(2) モデルの選定

改善目標とそれに影響すると考えた要因の選定後には、どのような要因が関係しているかと仮説化したモデルをこの要因選定に携わったメンバー以外にも示すことが必要である。この場合には特性要因図が用いられる。本書では改善目標を達成するための主要な要因のみを選定したことを示すために図 1.2.2 のような**特性要因図**を用いる。この図で誤差と表記されている要因は、目標値を説明する要因として我々が仮定した主要な要因以外すべてを指しているので、PDCA の C の部分では必ずこの誤差（残差）についての検討が必要である。

・**決めること**：改善目標を達成すると仮定した主な要因とその根拠

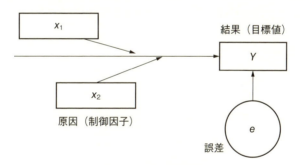

図 1.2.2　特性要因図

1.2.4　データを収集する

仮説を設定したので、これに関するデータを収集することになる。この場合重要なのは、想定した要因以外の部分の効果はランダムにすることである。ボールペン完成の作業時間に関するデータを収集する場合に、午前と午後に渡って収集する場合で、個人ごとに時間帯の効果もあるのでないかと思われる場合には、同じ作業者に同一時間帯で少なくとも 2 回測定するなどして、系統的な誤差の減少に努めることが必要である。

表 1.2.3　データの分類

型の2分類	型	特徴	例	統計量
質的データ	名義	同じ値かどうかで識別される	性別、ライン名	度数
	順序	値の順序関係のみ	売上順位	中央値、四分位数
量的データ	間隔	値0は相対的な意味	摂氏での気温	平均、分散
	比例	値0が意味をもつ場合	重量や長さ	変動係数

表 1.2.4　応答変数と説明変数

変数	役割
応答変数	改善目標値を表す変数で結果を示す。目的変数とも呼ばれる。
説明変数	改善を制御する変数で結果を説明する原因を示す。型が質的変数である場合には要因や因子とも呼ばれ、その値は水準とも呼ばれる

表 1.2.5　変数の整理

変数名	役割	型	単位	備考
製作時間	応答変数 Y	量	秒	1人での合計時間
作業者名	説明変数 x	質	氏名	

　また、要因についてはデータとしてまとめて整理する必要がある。データには、その値の種別により大別すると四則演算が可能な**量的データ**と、分類や順序付けのみが可能な**質的データ**がある（**表 1.2.3**）。

　また、分析モデルでの役割の点からは、結果系を表す**応答変数**と、原因系を表す**説明変数**（要因、因子）に分けられ、記号としては応答変数は Y、説明変数は x を用いる（**表 1.2.4**）。分析モデルで値が直接に収集できる**顕在変数**と、値が直接には収集できない**潜在変数**に分けられる。

　特性要因図では、中央の有方向の矢印の右側に記載されているのが応答変数であり、左側には説明変数が記載されている。また、四角形で表現されているのが顕在変数であり、円や楕円で表現されるのが潜在変数である。

　・**決めること**：応答変数と説明変数の列挙、データの型とその単位の列挙（**表 1.2.5**）

1.2.5 改善のための要因モデルにあてはめる

応答変数の値を説明変数（要因）の値で説明できる部分の値と、説明変数の値では説明できない部分の値（誤差）との和で説明するモデルを考える。ここで、説明変数（要因）の個数は1以上ある場合もあるので、説明変数（要因）の値で説明できる部分の値を、

予測値＝説明変数(要因)の値で説明できる部分の値

として表記して、

応答変数の値＝予測値＋誤差

としたモデルを考えよう。

応答変数を y として、誤差を e としたので、これに合わせて、予測値を $\hat{y}$ と表記することにする。したがって、上の式は

$$y_i = \hat{y}_i + e_i, \ i = 1, 2, \cdots, n$$

となる。

このようなモデルでデータの型を考えると、原因→結果の因果関係について検討する場合の手法は決まる（表1.2.6）。

どの場合でも仮説の妥当性のチェック、つまりモデルのチェックは誤差の大きさで測られることになるので、

残差＝応答変数の値－仮説からのモデルを当てはめて得られた予測値

の大きさを考えた場合に、残差の値が小さいほうが仮説の妥当性が高まると考えられるが、

・残差は負の値になる
・変数の単位による（100cmを1mにすると、誤差も1/100となる）
・n 個の値があり、評価が困難である

表1.2.6 代表的な適用手法

		原因　説明変数 x	
		量的データ	質的データ
結果　応答変数 Y	量的データ	線形回帰	分散分析
	質的データ	ロジスティック回帰	クロス表

なので、例えば、**決定係数**と呼ばれる予測値の平均からの偏差の 2 乗和を応答変数の平均からの偏差の 2 乗和で割った値を基準にして仮説の妥当性のチェックを行うことが考えられる。

この決定係数は R^2 と表記する約束になっており、

$$0 \leq R^2 \leq 1$$

となるので大小の解釈も容易である。

これに加えて、予測値×応答変数の値の散布図を作成することで残差の傾向を検討することができる。

1.2.6　予測により改善をする

モデルの適合で、適合の度合いを測る指標、例えば決定係数 R^2 が小さかったり残差に傾向が見られる場合には、要因の検討などを行い、別の改善案を設定して PDCA サイクルで再度評価する必要がある。

ボールペン完成までの作業時間改善を取り上げて手順を示す。

Plan　問題の把握

ボールペン製作時間を最適化する。
・1 本当たりの製作時間の短縮
・製作時間の変動の減少
因果関係の仮説を立てる。
・作業者ごとに 1 本の完成時間は異なることは考えられる。
・作業者内での変動は同じになっている。

Do　データの収集

3 人の作業者ごとに 10 本ボールペンを製作した時間を測定した。

Check　モデルのあてはめ

・応答変数の製作時間は量的データであり、説明変数の作業者は質的データである。
・比較するのは、仮説から平均と標準偏差である。

Act　結果を用いた予測や説明による改善

視覚的に比較検討する。

以上を PDCA 図を用いて表現すると**図 1.2.3** のようになる。Check のモデルのあてはめの結果を**表 1.2.7**、**図 1.2.4** に示す。
この結果から作業者内での標準偏差で、作業者 1 と作業者 3 の標準偏差は作

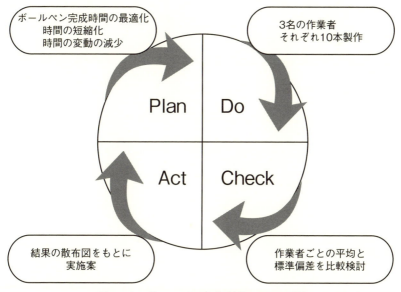

図 1.2.3　ボールペン完成時間の PDCA 図

表 1.2.7　決定係数と平均と標準偏差

R^2=0.028

水準	データ件数	平均	標準偏差
作業者 1	10	9.690	0.572
作業者 2	10	9.490	0.137
作業者 3	10	9.580	0.665

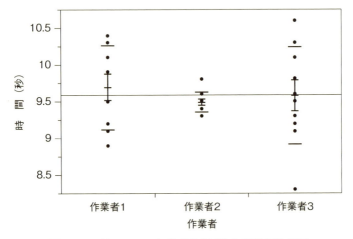

図 1.2.4　ボールペン完成時間の平均と標準偏差の図

業者 2 の標準偏差の 4 倍ほどある。決定係数が 0.028 と小さいので、作業者間での平均は異なるように思われるが、その差は残差の大きさ（**標準偏差**）に比べれば小さい。

　Act としては、作業者内の標準偏差が平均の差に比べて大きく、作業が十分コントロールされていないようであるので、作業者 2 の手順を見学するなどの作業者についての作業トレーニングを行うことを提案する。

1.3 量的データの相関関係と因果関係を考える

日本酒の糖分（%）とアルコール分（%）との間に、糖分が増すとアルコール分が減るという関係があるのでないかと推測された。そこで、この2つの量的データについてデータを収集した（**表1.3.1**）。

このような2つの量的データ間の関係としては、相関関係と因果関係のいずれかが想定される。いずれの関係を想定する場合でも散布図を作成する（**図1.3.1**）。

表1.3.1 糖分とアルコール分のデータ

糖　分(%)	アルコール分(%)
14	10
12.6	9.7
15.2	6.7
9.8	13.4
9.2	11.5
9.8	16.9
15.2	6.9
12	10

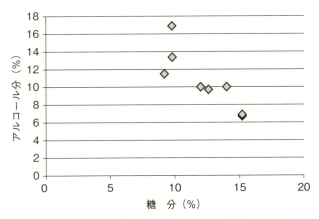

図1.3.1　糖分とアルコール分の散布図

1.3.1 相関関係を想定する場合

糖分とアルコール分間はどのくらいの相関関係があるかを捉える必要がある。相関関係を想定する場合には、その名称から予想されるように、どちらの変量が原因でどちらの結果であるかは設定しない。これは、双方向性の関係であり、

　　　糖分 ⟷ アルコール分

のように表記できよう。

さらに、2つの変量間の直線な相関関係の度合いを表すのが**相関係数**である。この相関係数の値の範囲は第3章で説明するように、

　　　−1≦**相関係数**≦1

である。散布図では、どの程度直線的であるかを検討する。

相関係数は、2変量間の直線的な関係の度合いを測るので、直線的でない関係が疑われる場合、例えば、連続した作業時間と単位時間当たりのボールペンの完成数の関係の場合には、相関係数を用いて関係の度合いを評価してはいけない。

1.3.2 因果関係を想定する場合

改善を考える場合には、2つの変量の一方を原因として、改善目標となる変量を結果とした一方向性の関係を想定してPDCAで改善を図る。

この場合、

　　A：糖分が増加する→アルコール分が減少する

　　B：アルコール分が減少する→糖分が増加する

の2つの一方向の関係が考えられる。

この場合では、「原因→結果」のように原因系と結果系として表現できる。

AとBのいずれか一方の関係を想定できる場合、**因果関係**が想定できるという。上の2つの場合、AとBでは原因系と結果系が逆になっており、両者が同時に成り立つとは考え難い。

今は、「原因としての糖分が増加する→結果としてのアルコール分が減少する」が成り立つと想定している。これについて順に考えてみると、以下のよう

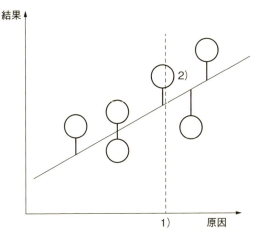

原因の値が1)のときに、結果の値は点線状のところが結果として2)となった。

図 1.3.2　直線的な因果関係の決定順序

になる。

①原因となる糖分 x の値が決まる。

②この値に対応した結果となるアルコール分の値 y が1つ決まる。

③しかし、結果の値が決まる場合に、x とは無関係な誤差の影響で原因の値が同じでも若干異なる結果の値が収集される。

④この場合も、x と y はともに量的データであるので、最も単純な関係は直線的な因果関係、

　　結果の値＝a＋b×原因の値

である（**図 1.3.2**）。

このように因果関係を考える場合は、先に原因の値が決まり、それに対応した結果の値が決まるという順序があるのである。

糖分とアルコール分間の**散布図**を作成したのが**図 1.3.3** である。ここで、右上の散布図はアルコール分 (x)×糖分 (y) の散布図で、左下の散布図は糖分 (x)×アルコール分 (y) の散布図で、x と y が逆になっている。これについて相関係数を求めると**表 1.3.2** のようになる。

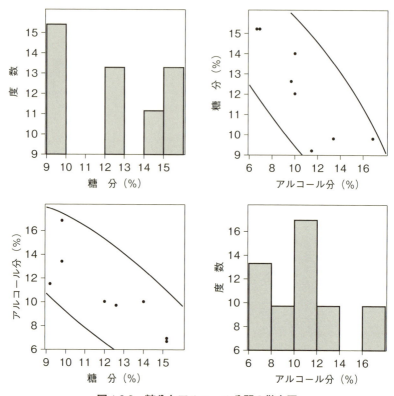

図 1.3.3　糖分とアルコール分間の散布図

表 1.3.2　相関行列

	糖分	アルコール分
糖分	1.000	−0.847
アルコール分	−0.847	1.000

　このように右上の散布図での相関係数は−0.847（表の右上の値）となっており、左下の散布図での相関係数も同じ値である。ここで原因は糖分で結果はアルコール分であるとするモデルを考えて、第 3 章で説明する単回帰モデルを

　　　アルコール分＝$a+b\times$糖分

としたモデルに当てはめて分析すると、

アルコール分＝24.818－1.160×糖分

が得られた。

ここで、逆にしたモデルを考えてみよう。つまり、原因がアルコール分で結果が糖分であるとするモデルであり、

糖分＝a'**＋**b'**×アルコール分**

としたモデルを当てはめると、

糖分＝18.798－0.618×アルコール分

となった。

このように、求められた値は同じでなく、また逆数（$b'=1/b$）にもなっていない。これは、先に述べた原因の値が先に決まるという因果関係のモデルであるからである。この因果関係にも様々な場合が考えられるのは相関関係の場合と同じである。

1.3.3　原因系が質的データである場合

ボールペンの製作時間に関する改善では、説明変数に当たるのが作業者であるので質的データである。このような場合は、特に説明変数を**要因**や（制御）**因子**と呼び、作業者1、作業者2、作業者3などの値を**水準**と呼ぶことが多い。

「作業者→完成時間」とする因果関係を想定してみよう。この場合、原因とした作業者間には大小関係はないので、我々が想定できるのは、

・作業者1に対しては、作業者1の完成時間が1つ対応

・作業者2に対しては、作業者2の完成時間が1つ対応

・作業者3に対しては、作業者3の完成時間が1つ対応

である。この場合には、10本の完成時間は同じになるが、実際には作業者以外の要因でぶれて、異なる結果の値が収集されるのである。

したがって、

作業者k**の結果の値＝作業者**k**の完成時間＋他の要因による誤差**

　　$k=1,\ 2,\ 3,$

のようになっているとする因果関係のモデルとして表現できる。

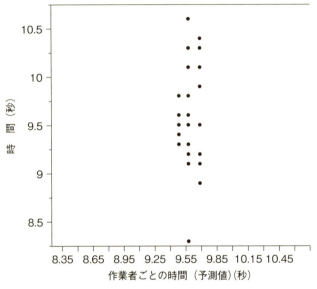

図1.3.4　予測値と応答変数の値

　この場合も最小2乗法を用いて求めると、
　　作業者 k の完成時間＝作業者 k のデータの平均
により求められる。
　したがって、他の要因によると考えられる残差
　　作業者 k の残差＝作業者 k の結果の値－作業者 k のデータの平均
　　　$k=1,\ 2,\ 3,$
となる。
　これらを図を用いて表すと図1.3.4のようになる。
　この場合には、相関係数を求めることはできない。また、どのような水準からなる要因を設定するかは重要であり、これを扱うのが**実験計画法**である。ボールペンの製作時間で対応付けると、3水準からなる1要因を用いている。このような場合を**一元配置分散分析**と呼ぶ。

第 2 章

統計分布を活用する

　データを利活用して改善を行う場合には、観測されたデータは実際の改善すべき状況の一部を表しているものであるので、このデータから改善すべき状況を推測する必要がある。そのために、帰納的な思考法とそれを支える理論が必要となる。それが「統計分布」である。改善したい状況についてデータを通じて見ることで、実際には、さまざまな原因が関係している状況に対して、どの点から改善すべきかなどのモデルを考えることができる。
　第 2 章では、読者がこれまでに学習したことがあるであろう統計分布や平均の活用を復習する。

データ収集の原則

　データを利活用して改善したくても、元のデータ収集が不適切であると、どのような手法を用いても適切な改善案は出せない。適切な改善案を提案するためには、データ収集での3原則（Fisherの3原則）を守る必要がある。

Fisherの3原則

原則	内容
反復 (replication)	同じ条件で複数回実験を繰り返す。これにより誤差の大きさが評価できる。
無作為化 (randomization)	測定順などはランダムに行う。反復を繰り返しても、実験室の温度が異なっているとか測定までの時間差があり（血圧の測定など）、測定機器で影響がある場合がある。そのためには、誤差の独立性を確保することが必須であり、測定順などの系統誤差をランダムにするように努める。
局所管理 (local control)	系統誤差の排除。ある要因に関していくつかの条件で反復を繰り返してデータ収集を行うが、この場合、ある条件についてデータ収集を行い、次に別の条件でデータ収集を行うと、その測定順などで偏ることが考えられる。このような場合には、反復1に対して全ての条件でデータ収集して、次の反復2について同様なことを行うなどで、系統的誤差の排除に努める。

ケース 2.1 製品の不良率を二項分布で検討する

　従来から不良率が 10 % であるといわれていた工程において不良率が高くなったのではないかと思われたので、大きさ 20 の標本を取ったところ、不良品が 7 個あった。不良率は高くなっているか。

　この場合には、20 個それぞれの観測結果が、不良品かそうでないかの 2 つ状態として観測されるので、このような 2 つの状態が起こることのプロセスについて理解していることが求められる。

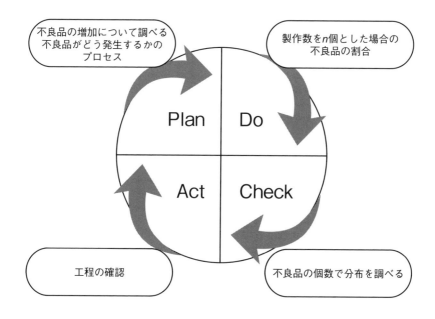

Plan

　観測された n 個のデータを $(y_1, y_2, y_3, \cdots, y_n)$ と表すことにする。この場合もっとも単純な場合は、その値が（成功、失敗）や（不良品、良品）のように 2 値である場合である。

　例）コイン投げで表が出るか裏が出るか、6 面のサイコロで 1 の目が出るか

どうか

　この例からわかるように、コイン投げとサイコロ投げで異なるのは、その成功する確率である。整理すると、

　（成功、成功する確率），（失敗、失敗する確率＝１－成功する確率）

として結果を表現できそうである。実際に観測される値である成功か失敗は事前にはわからないが、成功する確率が１に近ければ、成功という結果が得られる場合が多いであろう。

　そこで、１回１回の試みを**試行**と呼び、第 i 回の試行を Y_i と表し、成功と失敗をそれぞれ数値１と０に対応付けて記述することにする。ある試行前には、その値が１であるか０であるかは不明であるが、試行後に観測される値は１か０である。

　（成功、成功する確率），（失敗、失敗する確率 ＝１－ 成功する確率）

は

$$\{Y_i=1, P(Y_i=1)=p\}, \{Y_i=0, P(Y_i=0)=1-P(Y_i=1)=1-p\}$$

と書き直すことができる。または

$$Y_i = \begin{cases} 1, & 確率\ p \\ 0, & 確率\ 1-p \end{cases}$$

とも表現できる。

　今、$y_0=0, y_1=1$ とすると、成功か失敗かの確率は y を用いて、

$$P(Y_i=y_j)=p^{y_j}(1-p)^{1-y_j}, j=0,1$$

という試行を独立に n 回行うとする。

　独立な試行を n 回行うと、その結果は例えば $(1,0,0,\cdots,y_n)$ のようになるが、n 回それぞれの確率は $p^{y_j}(1-p)^{1-y_j}, y_j$ は１または０として表現できるので、n 回の確率は、

$$p^1(1-p)^{1-1}p^0(1-p)^{1-0}p^0(1-p)^{1-0}\cdots p^{y_n}(1-p)^{1-y_n}$$

となる。

　この n 回中 m 回成功する確率を考える。n 回中 m 回成功することは同時に $n-m$ 回は失敗しなければならない。これは、試行の結果の和 S

> **〈ワンポイント解説〉独立性**
>
> ある回の試行と他の回の試行が「独立である」という直感的な理解は、ある回の試行結果が他の回の試行結果に左右されないという理解であろう。これを考えるために、ある条件の下での他の試行での確率である条件付き確率は、ある条件が起こる確率と、ある条件が起こることと他のことが同時に起こる確率から求められ、
>
> $$P(Y_i=y_j|Y_k=y_{j'})=\frac{P(Y_i=y_j \text{かつ} Y_k=y_{j'})}{P(Y_k=y_{j'})}$$
>
> となる。
>
> これから、独立性についての直感的な理解は
>
> $$P(Y_i=y_j)=P(Y_i=y_j|Y_k=y_{j'})$$
>
> として表現できる。
>
> さらに、同じく、この式は
>
> $$P(Y_i=y_j)P(Y_k=y_{j'})=P(Y_i=y_j \text{かつ} Y_k=y_{j'})$$
>
> とも表現できる。
>
> これらを整理すると、独立ならば、
>
> $$P(Y_i=y_j)=P(Y_i=y_j|Y_k=y_{j'})$$
> $$P(Y_i=y_j)P(Y_k=y_{j'})=P(Y_i=y_j \text{かつ} Y_k=y_{j'})$$
>
> となる。

$$S=Y_1+Y_2+\cdots+Y_n$$

について、

$$P(S=m), m=0, 1, \cdots, n$$

となる確率と同じになる。

n 個から m 個を取り出す組合せの数 $_nC_m$ 分だけあるので、

$$P(S=m)={}_nC_m p^m(1-p)^{n-m}$$

となる。この和 S の分布を**二項分布**と呼ぶ。この確率は n、m、p のみで決まる。

例）4回試行した場合に2回だけ成功（残りの2回は失敗）した場合

成功と失敗の順番を問わないので、その確率は、各試行が独立であるとすると、

$$p^{成功した回数}(1-p)^{失敗した回数}$$

であるので、4回試行中2回成功する確率は、

$$p^2(1-p)^2$$

となるが、4回試行中2回成功する場合は、

$$(1,1,0,0),\ (1,0,1,0),\ (1,0,0,1),\ (0,1,1,0),\ (0,1,0,1),\ (0,0,1,1)$$

の6回（$={}_4C_2$）あるので、確率は

$$P(S=2) = {}_4C_2\, p^2(1-p)^2$$

となる。

$p=0.5$、$n=10$ とした場合の和 S の分布は図 2.1.1 のようになる。

この二項分布の平均と分散は、

$$\mu = np$$

$$\sigma^2 = np(1-p)$$

となるので、標準偏差は

$$\sigma = \sqrt{np(1-p)}$$

となり、n が大きく、$p=0.5$ ならば和は中央が高いベル型分布となる。また、平均 $\bar{Y}=S/n$ の分布は、平均 p、分散 $p(1-p)$ の二項分布に従う。

例）10回の試行を $p=0.5$ として50組行った場合

和は50個得られる。このような和を50個シミュレーションで作成し、出現した度数が100となるように相対度数に変換すると、図 2.1.2 のようになった。このように $p=0.5$ でもさまざまな和が出現することになる。

Do

製作数20個を標本とした1ユニットとし、不良品数を50ユニットからデータを収集した。

第 2 章 統計分布を活用する

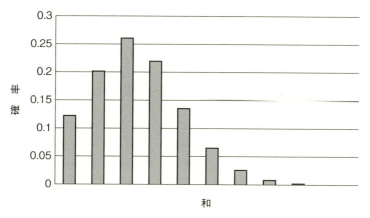

図 2.1.1　$p=0.5$、$n=10$ とした場合の二項分布

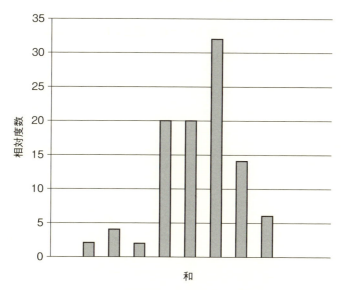

図 2.1.2　二項分布で 50 回試行した結果の例

二項分布からの理論度数と観測された度数について**表 2.1.1** を作成した。平均は 2.64 であった。この結果では、不良品数 3、5、6 での観測度数が理論度

数より大きくなっていることがわかる。

このようなズレの大きさを量る量としてはχ^2統計量がある。

$\chi^2=$(観測度数－理論度数)^2/理論度数の和

この場合について計算すると、$\chi^2=13.8$程度であったので、観測度数は理論度数から大きくはずれていない。

表 2.1.1 　二項分布のあてはめ

不良品数	度　数	理論度数
0	4	6.1
1	10	13.5
2	12	14.3
3	14	9.5
4	6	4.5
5	4	1.6
6	2	0.4
7	0	0.1
8	0	0.0
9	0	0.0
10	0	0.0

Act

従来どおりであると判定できるが、平均が2から2.6と大きくなっているので、工程はチェックしておくことにした。

☆　　　☆

二項分布の実際の場面での適用を考えると、以下の点に気をつけてほしい。

(1) 成功確率が小さい、または、大きい。二項分布の平均は$\mu=np$、標準偏差は$\sigma=\sqrt{np(1-p)}$であり、多くの試行を行うのであるが成功確率が小さい場合には、どのような分布になるか考えておく必要がある。この場合には**ポアソン分布**で近似される。

(2) 成功確率は極端に小さくも大きくもないが、試行回数は大きい場合についてもどのような分布になるか考えておく必要がある。この場合には、連続量の分布である**正規分布**で近似される。

ケース 2.2 小さな不良率をポアソン分布で検討する

　工場で製作している製品に関して、平均して100個中2個の不良品が入っている。最近、検査担当官から、その個数が多いのではないかとの指摘があった。どの程度の不良品が含まれていたならば、ラインを調べるべきであろうか

　このような場面は多く発生する。例えば、以下のような場合である。

　・掃除機でゴミを検出しなくなったならば終了するようなものを製作したい。しかし、実際の場面では、少量のゴミがあるとしてストッピングルールを作成する必要がある。

　・新製品の試作を行っているが、歩留まり率が0.1のように小さい。この場合の製品の分布はどのようになるか。

　・1日の交通事故での死亡者の分布はどのような分布か。

　先の二項分布を当てはめて考えると、$n=100$ とすると、平均は2、標準偏差は1.4程度であるので、このような場合の分布について扱えるようにする必要がある。

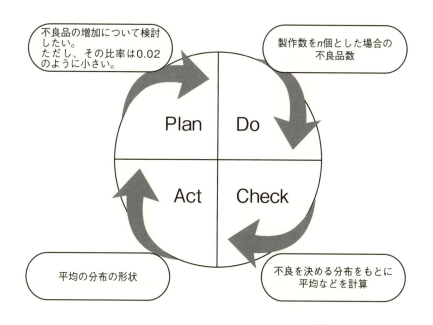

Plan

二項分布では試行回数 n を固定して考えたが、ここで成功する確率 p が $p=0.05$ のように小さい場合を考える。$n=100$ としても平均は 5 回、標準偏差は 2 回程度である。そこで、二項分布で p が 0 に近い場合の分布を考える。この場合、試行回数が小さいとその性質が十分捉えられない。

そこで、分布を考える場合に、試行回数 n は大きく、成功確率 p は小さく、ただし、その積 $\lambda=np$ は一定にして、

$$n\to\infty, p\to 0, np\to\lambda$$

として求めると、その極限では二項分布はポアソン分布で近似できるので、その確率は

$$P(K=k)=\frac{\lambda^k}{k!}e^{-\lambda},\ k=0,1,2,\cdots$$

となる(**図 2.2.1**)。

このポアソン分布については、平均と分散はそれぞれ、$\mu=\lambda$, $\sigma^2=\lambda$ となる。したがって、データの平均 $\bar{y}$ を求めることで、その特徴がわかる。

$p=0.02$ で $n=100$ であるので、不良品の分布はポアソン分布であると想定できる。

Do

データとして 100 個からなるユニットについて 20 ユニットについて調べた結果、**表 2.2.1** のようになった。

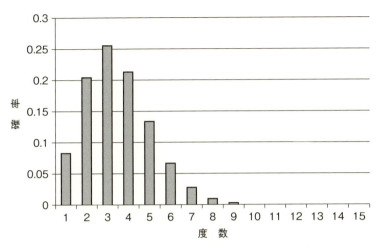

図 2.2.1　$n=100$、$p=0.02$ の場合のポアソン分布

> 〈ワンポイント解説〉ポアソン分布
>
> 　稀にしか生起しないことの確率モデルとして「ポアソン過程」がある。この過程は、ある時間内に、注目している事象が何回起きるかに関係したものである。λ は、その単位時間内に注目している事象の起きやすさを表している。実際には、t 単位時間からなる期間で考えるので、
>
> $$f(k, t) = \frac{(\lambda t)^k}{k!} e^{-\lambda t}$$
>
> となる。この式で、$t=1$ とすると、二項分布の近似となり、これを**ポアソン分布**という。
>
> 　同じくポアソン過程で、生起するまでの時間間隔についての分布を求めると**指数分布**になる。
>
> $$f(t) = \lambda e^{-\lambda t}, t \geq 0$$

表 2.2.1　100 個からなるユニット 20 ユニットについての不良品数と度数

不良品数	0	1	2	3	4	5	6	7	8以上
度　数	2	3	6	6	2	1	0	0	0

Check

ポアソン分布からの理論度数と観測度数について**表 2.2.2** を作成した。

平均は 2.3 であった。ポアソン分布に従うならば標準偏差は $\sqrt{2.3}=1.5$ となる。

この結果では、不良品数 3 での観測度数が理論度数より大きくなっていることがわかる。一方、不良品数 0 と 1 での観測度数は小さい。

このようなズレの大きさを量る量としては χ^2 統計量がある。この場合について計算すると、$\chi^2=3.4$ 程度であったので、観測度数は理論度数から大きくはずれていない。

表 2.2.2　ポアソン分布の当てはめ

不良	度数	理論度数
0	2	2.706705665
1	3	5.413411329
2	6	5.413411329
3	6	3.608940886
4	2	1.804470443
5	1	0.721788177
6	0	0.240596059
7	0	0.068741731
8	0	0.021934379

Act

従来通りであると判定できるが、平均が 2 から 2.3 と大きくなっているので、より多くのユニットなどを収集して追試験を行うことにした。

☆　　　　☆

ポアソン分布では不良品の個数を扱ったが、その生起時間間隔について知りたい場合がある。このような場合を扱うのが**指数分布**である。稀な現象に関し

ての生起時間間隔の分布について考えるので、ポアソン分布と密接に関係していることが予想され利活用される場面としては、以下のような場面がある。
・工場では工作機械が故障するが、その故障間隔はどのようになっているか。
・銀行のATMに客が来る時間間隔はどのようになっているのか。
・掃除機のセンサーで何秒間ゴミが検知されなかったならば、掃除機を省電力モードに移行されるか。

そこで、単位時間当たりの生起件数はパラメータλのポアソン分布に従うとする。この場合の生起時間間隔は指数に従う。

$f(t) = \lambda e^{-\lambda t}, t \geq 0$

$\lambda = 2.5$の場合の指数分布の一部を示す（図2.2.2）。

指数分布の平均と分散はそれぞれ、

$\mu = \dfrac{1}{\lambda} \qquad \sigma^2 = \dfrac{1}{\lambda^2}$

となる。したがって、生起時間間隔の平均の逆数をλの推定値として用いる場合もある。

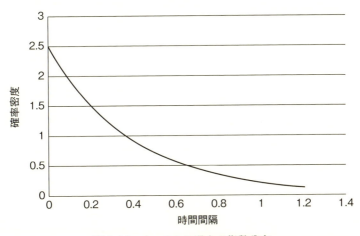

図2.2.2　$\lambda = 2.5$の場合の指数分布

ケース 2.3　ボールペン製作時間を正規分布で検討する

　ある文房具メーカーの定番商品として、ボールペンがある。これは4つの部品からなっているが、インク（替）芯やバネのセットには手作業が必要である。1人で製作する場合でも手作業工程で時間にばらつきがある。これについて検討したい。

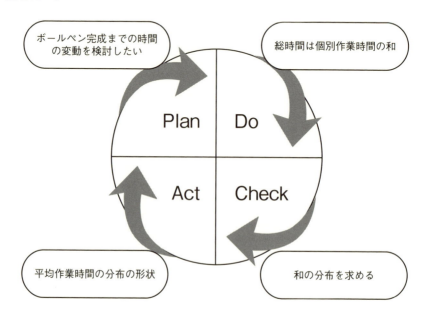

Plan

　作業時間の和がどのような分布になるかについて調べる。単純化して、ある作業での時間の変化は他の作業の時間の変化には影響しないとする。
　統計分析を行う場合には、二項分布で扱ったような和や平均を扱うことが多い。したがって、平均についての性質がわかれば、統計的推測を多くの場面で利活用することができる。平均の性質に関しては、統計学的にもその性質はよく知られており、さまざまな場面で利活用されている。

二項分布で離散値の和の分布を扱ったが、ここでは連続値の和について考える。

平均 μ、分散 σ^2 に従う独立な n 個の確率変数 $Y_1, Y_1, \cdots, Y_n$ についての平均 $\bar{Y}$ を求めると、

$$\bar{Y} = \frac{1}{n}(Y_1 + Y_1 + \cdots + Y_n) = \frac{1}{n}\sum_{i=1}^{n} Y_i$$

となる。ここで、$Y_i, i = 1, 2, \cdots, n$ が確率変数であるので、平均 $\bar{Y}$ も確率変数である。したがって、我々が通常求めているデータの平均値 $\bar{y}$ は、この平均 $\bar{Y}$ の観測値であるとも考えられる。

今、確率変数 $Y_1, Y_1, \cdots, Y_n$ について、

$$Y_i = \mu + e_i, i = 1, 2, \cdots, n$$

と表し、また、各 Y_i は独立であるとしたのでもとの各 e_i も独立であることから、

$$\bar{Y} = \frac{1}{n}\sum_{i=1}^{n} Y_i = \mu + \frac{1}{n}\sum_{i=1}^{n} e_i$$

となる。

平均 $\bar{Y}$ の分散は $(\bar{Y} - \mu)^2$ に関する量であることに注意すると、

平均 $\bar{Y}$ の平均は μ 　　　和 $\sum_{i=1}^{n} Y_i$ の平均は $n\mu$

平均 $\bar{Y}$ の分散は $\frac{1}{n}\sigma^2$ 　　　和 $\sum_{i=1}^{n} Y_i$ 分散は $n\sigma^2$

となることが求められる。

このように、データが独立で、元の確率変数に平均と分散があるならば、平均（または和）の平均と分散を導出することができる。

平均（または和）の分布は、その足す個数が多くなれば、おおよそ**正規分布**（Normal Distribution）に従う。

正規分布はベル型の確率密度関数をもつ確率分布の代表的なものであり、確率変数 Y が正規分布に従う場合、その分布の形を決めるパラメータは確率変数 Y の平均 μ と分散 σ^2 により決まるので、これを

$$Y \sim N(\mu, \sigma^2)$$

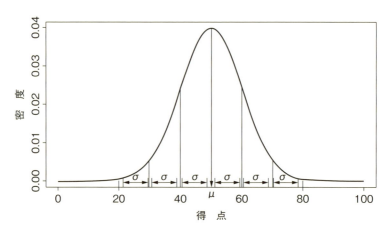

図 2.3.1　平均 50、標準偏差 10 の場合の正規分布

と表記する。

その密度関数の例として、平均 50、標準偏差 10 の場合、$N(100, 10^2)$ は図 2.3.1 のようになる。

正規分布の特徴としては、平均を境にして対称な分布であるというベル型の分布の特徴に加えて以下のような特徴がある。

・平均と分散から分布が決まる→データから平均と分散を推定する
・平均を境にして対称な分布→平均＝中央値である
　→$[\mu-z_\alpha, \mu+z_\alpha]$ の区間を考える
・$P(\mu-\sigma \leq Y \leq \mu+\sigma) \fallingdotseq 0.68$ →平均を境にして 2σ 内に 68 %
・$P(\mu-2\sigma \leq Y \leq \mu+2\sigma) \fallingdotseq 0.95$ →平均を境にして 4σ 内に 95 %
・$P(\mu-3\sigma \leq Y \leq \mu+3\sigma) \fallingdotseq 0.99$ →平均を境にして 6σ 内に 99 %

それぞれが独立に正規分布に従う確率変数の和や差も正規分布に従う。

$Y_i \sim N(\mu_i, \sigma_i^2), i=1, 2, \cdots, m \quad W = \sum_{i=1}^{m} \alpha_i Y_i$
→$W \sim N(\sum_{i=1}^{m} \alpha_i \mu_i, \sum_{i=1}^{m} \alpha_i^2 \sigma_i^2)$

ボールペン製作が 3 つの手作業からなっており、それぞれの作業時間が独立に正規分布

$Y_1 \sim N(\mu_1, \sigma_1^2) \qquad Y_2 \sim N(\mu_2, \sigma_2^2) \qquad Y_3 \sim N(\mu_3, \sigma_3^2)$

に従っているならば、合計の作業時間 W は

$$W = Y_1 + Y_2 + Y_3 \sim N(\mu_1 + \mu_2 + \mu_3, \sigma_1^2 + \sigma_2^2 + \sigma_3^2)$$

となる正規分布に従うので、1人での作業時間の内容を検討できる。

ある1人の作業者について10本のボールペンのそれぞれの合計製作時間を収集することにした。ここでは、合計製作時間は正規分布に従うと仮定した。

10本のボールペン作業時間の合計を集計した（表2.3.1）。

表2.3.1　10本のボールペン製作時間の合計

本	1	2	3	4	5	6	7	8	9	10
秒	8.3	9.1	9.3	9.6	10.6	9.8	9.2	9.5	10.3	10.1

Check

平均値と分散を求めた。また、平均値と分散を元に正規分布を当てはめた（表2.3.2、図2.3.2）。10件のデータであったが、作業時間の分布がベル型になっている。

表2.3.2　ボールペン製作時間の要約統計量

統計値	秒
データの件数	10
最小	8.300
最大	10.600
第1・四分位	9.225
中央値	9.550
第3・四分位	10.025
平均	9.580
分散 ($n-1$)	0.442
標準偏差 ($n-1$)	0.665

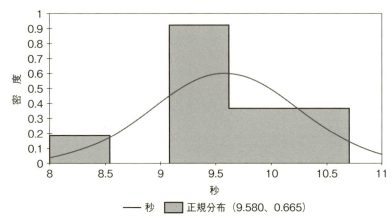

図 2.3.2　ボールペン完成時間への正規分布の当てはめ

Act

　より多くのデータや他の作業者のデータも収集し、正規分布を用いて比較する。

　元の分布が正規分布でない場合でも、和や平均は正規分布に従うことが予想されるが、それについては第4章で扱う。

第3章

要約統計量を用いて
データの特徴を捉える

　1個1個の製品を改善するためには、作業者個人個人の技量の高度化が必要であると考えられる。しかし、現場では日々大量の製品が製造されて、それに関したより多くのデータが収集されている。このデータを利活用すれば、製造現場での改善を作業者自ら実施できる。

　そのためには、膨大なデータから、全体としてのデータには傾向があるのか、どこを改善すれば良いのか、などの問題意識をもとにデータを要約して調べ、その結果をもとに提案できるような手法や手順を用いることができることが必要である。

　第3章では、そのための改善を実施するための手法を、代表的なケースにおけるデータの要約などの手順を通じて説明する。

ケース 3.1　オーバーホール前後の工作機械の性能は同じか

ある工場の切削工程では従来、直径 4.5mm（規格 4.5±0.01）の丸棒を製造していた。用いている工作機械については、機械の従来のデータから母平均 $\mu = 4.502$、母分散 σ^2 であることがわかっている。

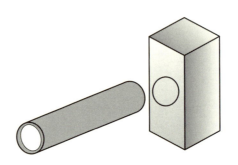

今回、定期的な工作機械のオーバーホールを行い、再組み立てを行った。この再組立て後の工作機械の精度はオーバーホール前と同等にみなせるか。

PDCA サイクルで表すと以下のようになる。

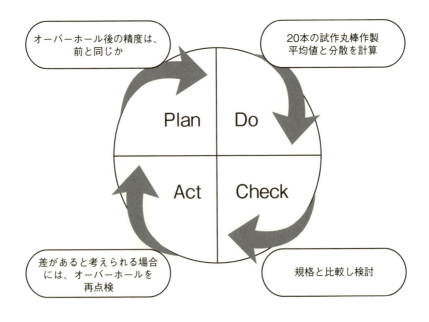

第3章 要約統計量を用いてデータの特徴を捉える

Plan

計測値としては、機械の規格の平均 $\mu=4.500$、母分散 σ^2 は未知。

全体の精度は平均で比較する。極端に分かれる場合もあるので個別的にも比較する。

従来の工程では $\mu=4.502$ であったので、従来と比較するという意味では、この値での比較も行って、オーバーホール前後での差も確認しておくと良い。

Do

Step 1

試験的に丸棒を20本作製して、直径を測定して以下のデータが得られた（**表 3.1.1**）

表3.1.1 作成した丸棒の直径（mm）

4.512	4.521	4.495	4.521
4.506	4.532	4.504	4.519
4.463	4.486	4.512	4.512
4.513	4.522	4.451	4.482
4.485	4.522	4.472	4.502

Step 2

量的データを処理する場合には、外れ値などが含まれている可能性がある。そこで、まずは量的データの外観を捉え、その後、統計量を計算して検討する。

（1） データの概観を捉える

量的データの概観を捉えるためにまず行うのは、ヒストグラムを作成することである。ヒストグラムは、データの概観を捉えるためのグラフであるが、測定されている値が量的で、連続値であるとされる場合に用いられる。横軸に計

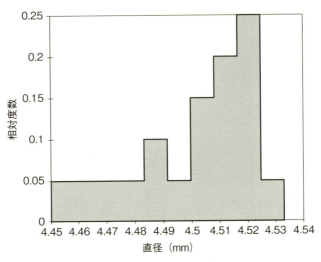

図3.1.1　直径のヒストグラム

測する値についていくつかの区間に区分化した区間を取り、縦軸にはそれぞれの区間に含まれる度数また相対度数を取る。区間数を7〜10くらいとして作成される場合が多い。区間数を10として作図した結果、**図3.1.1**のようになった。

> 〈ワンポイント解説〉ヒストグラムの区間
>
> ヒストグラムは、もともとの値が連続値である場合に用いられるので、作図の区間を決める必要がある。目標はデータの概観を捉えることであるので、それが可能なように区間数や区間幅を設定する必要がある。

データの概観を把握するために、**図3.1.2**の3つの概観のどれかに当てはめてみよう。

(a) は「右に裾が長い」ヒストグラム、(b) が「ベル型」ヒストグラム、(c) が「左に裾が長い」ヒストグラムである。基本形として、この3つを考えておこう。丸棒の場合には、この3つの中では、「左に裾が長い」ヒストグラムに近いことになる。

第3章 要約統計量を用いてデータの特徴を捉える

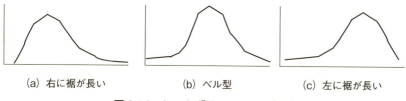

図3.1.2 ヒストグラムの3つの類型

(2) 比較するために要約統計量を用いてまとめる

ヒストグラムで量的データの概観は捉えられたが、改善や検討を行うには、計量値を用いて比較しなければならない。そのために、データから求められる要約量を用いる。

ヒストグラムと結びついた要約量として、**最小値、第1四分位数、中央値（第2四分位数）、第3四分位数、最大値**の5つの要約量が用いられる。これらを特に**五数要約**と呼ぶ。

　最小値：収集されたデータ値で最小の値
　第1四分位数：累積分布で25％にあたるデータ値
　中央値（第2四分位数）：累積分布で50％にあたるデータ値
　第3四分位数：累積分布で75％にあたるデータ値
　最大値：収集されたデータ値で最大の値

図3.1.1のヒストグラムの**累積相対度数**のグラフを作成すると、**図3.1.3**のようになる。この累積相対度数のグラフから、直径について4.501以下の度数が少なく、半数以上がそれ以上であることが読み取れる。しかし、直径がどの範囲に渡っているかなどが不明なので、これを捉えるために数値を用いて要約する。このように、データの件数が多い場合でも、この5つの値を用いてデータを要約するのが五数要約である。

この5つの値を用いて図3.1.4のような**箱ひげ図**が作図される。

中央にあるのが**箱**と呼ばれるもので、下側が第1四分位数、上側が第3四分位数、箱の中にある横線が中央値（第2四分位数）を表している。また通常、最下限値が最小値で、最上限値として最大値を用いて、ひげをつける。通常、

47

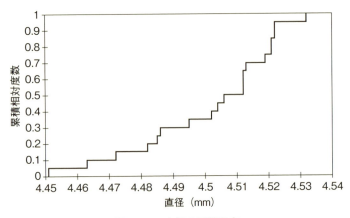

図 3.1.3　直径の累積分布

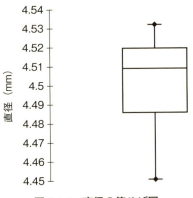

図 3.1.4　直径の箱ひげ図

4つの区間それぞれに含まれるデータ件数は同じで箱の幅は同じであるので、区間が短いことは、その区間のデータが密であり、区間が長いことはデータが疎であることを表している。第1四分位数から第3四分位数までの範囲には50％のデータが含まれるが、この範囲を**四分位範囲**と呼び、中央値を用いて工程を評価する場合には、この四分位範囲を同時に表してデータのばらつきについても評価する。

第3章　要約統計量を用いてデータの特徴を捉える

> 〈ワンポイント解説〉箱ひげ図
>
> 　第1四分位数と中央値と第3四分位数で作成される箱に注目する。外れ値などを管理する点からは、ひげの長さに注意する。

　丸棒の問題解決で考えると、箱の上側が短いので、値が大きい方に偏っている（左に裾が長い）ことがわかる。丸棒の分布には2つの峰がなく、また、極端に左に裾が長くもなかったので、平均値を利用して傾向を調べることができる。そこでデータの平均 $\bar{y}$ と分散 s^2 などを求める。

　データの件数が n であるデータを $y_1, y_2, \cdots, y_n$ とした場合に、平均 $\bar{y}$ は

$$\bar{y} = \frac{1}{n}(y_1 + y_2 + \cdots + y_n) = \frac{1}{n}\sum_{i=1}^{n} y_i$$

として求められ、(不偏)分散 s^2 は

$$s^2 = \frac{1}{n-1}\{(y_1 - \bar{y})^2 + (y_2 - \bar{y})^2 + \cdots + (y_n - \bar{y})^2\} = \frac{1}{n-1}\sum_{i=1}^{n}(y_i - \bar{y})^2$$

で求められる。

　しかし、平均の単位と分散の単位は異なるので、平均を比較する場合には標準偏差 $s = \sqrt{s^2}$ が用いられる。

$$s = \sqrt{\frac{1}{n-1}\{(y_1 - \bar{y})^2 + (y_2 - \bar{y})^2 + \cdots + (y_n - \bar{y})^2 (y_n - \bar{y})^2\}}$$

$$= \sqrt{\frac{1}{n-1}\sum_{i=1}^{n}(y_i - \bar{y})^2}$$

> 〈ワンポイント解説〉平均と標準偏差
>
> 　**平均**はデータ1個当たりの大きさを示す量の1つであり、**分散**はデータ1個当たりが平均からどの程度離れているかを表す量として2乗を用いて考えた場合の値である。平均の単位と分散の単位は異なるので、比較する場合には平均と標準偏差の組で比較する。分散と平均の大きさを比較できないことに注意する必要がある。例えば、丸棒では平均の単位は mm、分散の単位は mm^2 である。

標準偏差は、データ1個当たりの平均からの誤差（どの程度離れているか）を表す量とも解釈できる。

平均と比較するために標準偏差 s が用いられる。丸棒について求めると以下のようになる。

$$s_y = \sqrt{s_{y2}} = \sqrt{0.0005} = 0.220$$

〈ワンポイント解説〉分散

　分散を求める場合には、$n-1$ で割る場合と、n で割る場合がある。$n-1$ で割るのは、真の分散 σ^2 が存在するとして場合の統計的推測を行う場合にどのように取り扱うかによる。標本の分布形を考えずに平均のみを考える場合には $n-1$ を用いるのが良い。

丸棒に関する統計量を求めると表3.1.2のようになる。

この場合には、平均4.502と中央値4.509となっているが、ヒストグラムの形と中央値と平均の間には、表3.1.3のような関係がある。

平均と中央値の差4.502－4.509は－0.007であるが、データの件数が大きければ大きな差として評価される。また、標準偏差が0.022であるので、平均と

表3.1.2　丸棒に関する統計量

統計値	直　径（mm）
データの件数	20
最小	4.4510
最大	4.5320
第1・四分位	4.4858
中央値	4.5090
第3・四分位	4.5195
平均	4.5016
分散（$n-1$）	0.0005
標準偏差（$n-1$）	0.0220

表3.1.3　ヒストグラムの形と中央値と平均の対応関係

ヒストグラム	右に裾が長い	ベル型	左に裾が長い
中央値と平均	中央値＜平均	中央値≒平均	中央値＞平均

規格の差 4.502−4.500 は標準偏差の大きさのほぼ 1/10 倍である。

　ここでは、まず規格に合致しているかどうかを検討しているのでデータをもとに比較検討する。
　平均 4.502 と規格の平均 $\mu=4.500$ の差を考える。この差は 0.002 であるが、標準偏差とは比較できない。標準偏差はデータ 1 個当たりのバラツキであるが、ここでは、観測された平均を規格の値と比較したいとしているので、平均を考える必要がある。ここで平均のブレ、例えば、データの件数が 5 個の場合の平均 4.502 とデータの件数が 1,000 個の場合の平均 4.502 について、その変化の幅を考えると、前者は平均の変化する幅が 1,000 個の場合に比べて大きくなると考えられる。
　統計的推定の点から、平均のブレを表す**標準誤差**は

$$\frac{1}{\sqrt{n}}s$$

で求められ、平均の離れ度合いは

$$\frac{\bar{y}-\mu}{s/\sqrt{n}}$$

の値がどの程度であるかを比較検討される場合が多い。この式の分母は、平均が変わると想定した場合の平均の標準偏差である。
　データを用いて検討する場合には**中心極限定理**を利用して、平均の分散は、

$$\frac{データの分散}{データの件数}$$

で推定されるので、標準誤差として

$$\frac{1}{\sqrt{n}}s$$

を用いることが適切となる。

丸棒に関して求めてみると、

$$\frac{\bar{y}-\mu}{s/\sqrt{n}} = \frac{4.5016-4.50}{0.0220/\sqrt{20}} = 0.3252$$

が得られた。分母の値は平均の標準偏差と見なせるので、この場合、0.325倍くらい離れていることになる。平均の離れ度合いの許容範囲としては、大体 -2 から 2、または -3 から 3 程度を用いることが多い。

したがって、この場合には 0.325 はこの範囲の中に含まれているので、オーバーホール後の平均は規格と同じであるという仮説を受容することになる。

> 〈ワンポイント解説〉標準誤差
>
> 標準偏差はデータ1個当たりの平均値からの離れ度合いを表している。データの変化についての標準的な管理では、データについては平均±2×標準偏差の範囲を許容限界としている場合が多い。
>
> 平均の変化について検討する場合には、平均を求めるために用いたデータの個数を n とした場合に、標準偏差 $/\sqrt{n}$ となる標準誤差を用いて、その許容限界 平均±2×標準偏差 $/\sqrt{n}$ を用いる。

Act

分析結果からオーバーホール後の工作機械の工作精度を平均を用いて評価すると「規格に合致している」と解釈されるので、この状態で丸棒を製作することができる。

ここまではデータ全体としての平均を比較してきた。しかし、管理する点からは、ロット内での変化の傾向などをできるだけ早く捉えることも重要である。そのために、データについて折れ線グラフを作成して、その傾向を捉える。使用する統計量は平均と標準偏差である。

標準偏差が 0.0220 であったことから、規格の 4.500 の上下に大きく変動していることが予想される。まずは、データの計測順に**図 3.1.5** のような折れ線

グラフを作成する。

ここでは、データの傾向を調べているので平均からの偏差 $y_i-\mu$ と標準偏差を用いて、データの変化に関する**許容限界**も加えて**図 3.1.6** のように作図する。

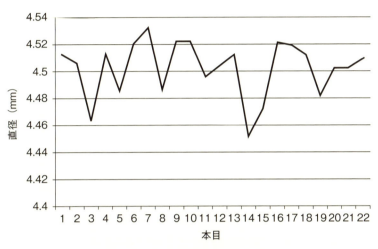

図 3.1.5　データ計測順の折れ線グラフ

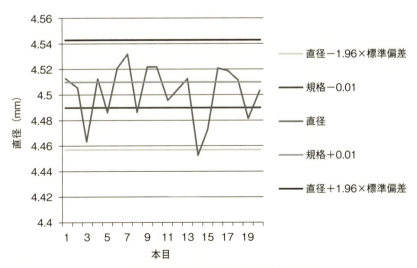

図 3.1.6　丸棒直径の許容限界

この許容限界の下限値としては

　平均－1.96×標準偏差

一方、上限値としては、

　平均＋1.96×標準偏差

が用いられることが多い。

> 〈ワンポイント解説〉許容限界
>
> 　許容限界を用いる場合に 3σ を用いる場合が多い。これは、データが正規分布で近似できる場合には、平均±3標準偏差を用いると、この区間の面積が0.999となることによる。
> 　しかし、平均は正規分布で近似できるが、個々のデータが正規分布で近似できるとは限らないことから、ここでは、目安としての1.96を用いている。

一方、丸棒の規格では

　4.500 ± 0.01

であったので、これも追加して作図すると図3.1.6のようになる。ここでは規格からの偏差を評価しているので、平均＝4.500を用いて作図している。不明の場合には、データの平均＝4.5016を用いて作図する。

試験的なデータに関しては規格±0.01外になった丸棒が50％あるので、標準偏差が小さくなるように工作機械の点検を行うべきである。

作製順などの傾向について検討するには、主に以下の3点について確認すること。

　A：作成順の値が増加する（減少する）

　B：作成順の平均からの偏差が大きくなっている（小さくなっている）

　C：周期的に変化していない（変化していない）

図3.1.6からは、A、B、Cに関する傾向は見られないので、ランダムな誤差であるとみなして調整点検を行う。

第 3 章　要約統計量を用いてデータの特徴を捉える

ケース 3.2　紙コプターの滞空時間を伸ばす翼長を選択する

　ある機器を製造する場合には、さまざまな要因が関係しており、1つの要因の改善が他の要因に影響して全体として改悪になる場合がある。ここでは、1つの要因を変化させた場合に、目標値がどのように変化するかを把握して最適な要因での値を探す方法を習得しよう。

　紙を折って作製したヘリコプター（これをここでは「紙コプター」と呼ぶ）について、滞空時間を長くするための翼長や翼幅などを決定することを考える。

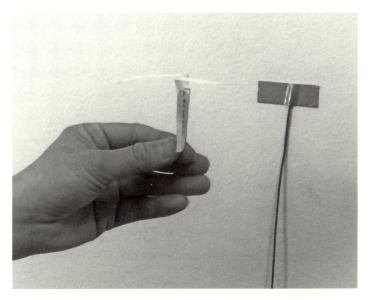

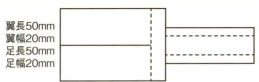

　コントロールできる4つの要因（翼長、翼幅、足長、足幅）により紙コプターの滞空時間が決定できるとする。ここでは翼長のみをコントロールして滞空時間の改善を考える。3個以上の翼長について比較検討することも可能であるが、ここでは翼長の効果を調べるために、2つの翼長、翼長40mmの場合と50mmの場合について比較する。

55

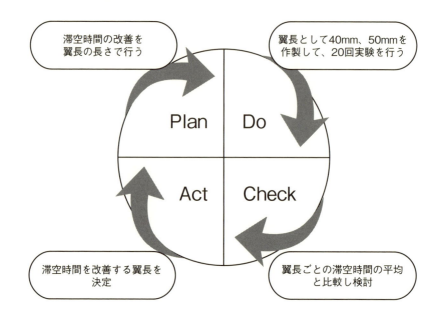

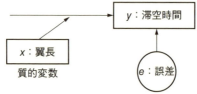

まずは滞空時間(秒)を伸ばすことであるが、ある翼長での滞空時間の標準偏差も小さくなる翼長も検討する。統計的に検討するために、想定した因果関係を図で表現すると図 3.2.1 のようになる。

要因としての翼長は 40mm のように量的データであるが、まずは質的データとして扱い、非線形的な関係があるかどうかを調べることが必要である。

要因は翼長であり、その水準は 40mm、50mm の 2 水準からなると仮定する分析モデルである。

図 3.2.1　翼長→滞空時間の因果関係

〈ワンポイント解説〉応答変数と説明変数

結果系の変数が量的データである。この変数を**応答変数**か**目的変数**と呼ぶ。

原因系の変数を**説明変数**と呼び、特に質的データである場合は、要因や因子と呼び、その値（ここでは 40mm、50mm）を**水準**と呼ぶ。

このように原因→結果のモデルを想定できる場合を**因果関係**という。原因系の変数を表す場合には x、結果系の変数を表す場合には y、誤差を表す場合には e なる記号を用いることが多い。

変数間に関連はあるが原因→結果のモデルを想定できない場合を相関関係という。

この場合には実験時の制御外の要因（離し方、計測方法など）による影響を少なくするとともに実験時にはその影響も調べる。

Step 1

翼長として 40mm、50mm の 2 水準を設定する。

滞空時間の計測回数としては、おのおの 20 回とする。

1.5m のところで手を離す。他の者が滞空時間（秒）を計測する（**図 3.2.2**）。

表 3.2.1 のようなデータを収集した。

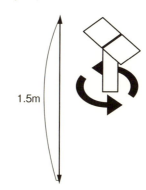

図 3.2.2　紙コプターの実験

表 3.2.1 滞空時間（秒）のデータ

実験回数	翼長 40mm	翼長 50mm
1	1.13	1.38
2	1.31	1.35
3	1.35	1.37
4	1.16	1.35
5	1.16	1.13
6	1.31	1.28
7	1.35	1.33
8	1.23	1.5
9	1.43	1.58
10	1.38	1.33
11	1.80	1.38
12	1.23	1.21
13	1.16	1.21
14	1.43	1.13
15	1.46	1.2
16	1.33	1.35
17	1.31	1.45
18	1.15	1.55
19	1.18	1.48
20	1.35	1.55

Step 2

2つの翼長について滞空時間（秒）を要約する。そのために、箱ひげ図を作成し、要約統計量を求めた（図 3.2.3、表 3.2.2）。

箱ひげ図からは、以下の傾向が読み取れる。

・翼長が 40mm から 50mm と長くなるにつれて滞空時間が長くなる。

・箱の部分から、翼長 40mm の箱と翼長 50mm での箱の形が異なっている。

ケース 3.1 では、平均を用いてオーバーホール前後について検討した。ここでも同様に平均を用いて視覚的な比較検討を行う。

第3章 要約統計量を用いてデータの特徴を捉える

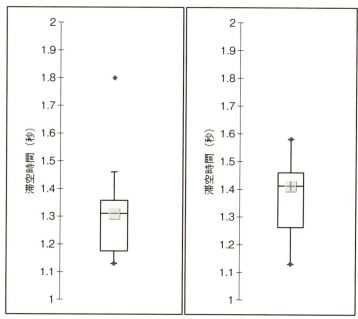

図 3.2.3 紙コプターでの箱ひげ図

表 3.2.2 翼長 40mm と 50mm の滞空時間(秒)に関する要約統計量

翼　　長	40mm	50mm
データの件数*	$n_1=20$	$n_2=20$
最大値	1.800	1.580
第 3 四分位数	1.358	1.458
中央値	1.310	1.350
第 1 四分位数	1.175	1.263
最小値	1.130	1.130
平均値*	$y_1=1.311$	$y_2=1.356$
分散*	$s_1^2=0.024$	$s_2^2=0.018$
標準偏差*	$s_1=0.155$	$s_2=0.135$

＊ 2つの水準（40mm、50mm）について平均を用いて比較検討する場合に用いる統計量

統計分析では平均を用いて比較検討することが多い。この平均を用いて作成されるグラフとして菱形を用いて作図することを考える。

平均と関係した要約量の標準偏差であったので、

平均−$z_α$×標準偏差、平均、平均+$z_α$×標準偏差

を用いて作図する（図3.2.4）。$z_α$としては、およそ2が用いられる場合が多い。

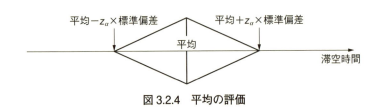

図3.2.4　平均の評価

(1)　外れ値の判定

中央値と四分位範囲による場合もあるが、平均を用いた指標として

データ<平均−3×標準偏差

または

データ>平均値+3×標準偏差

となっているかどうかを調べる（表3.2.3）。この範囲外のデータとしては、翼長40mmのデータに1件ある。機械的に削除するのではなく、その状況を調査する必要がある。

図3.2.3からも傾向を推し量ることもできるが、統計的に検討する必要がある。

翼長のみを変化させているので、理想的な状況では、同じ翼長の紙コプターの滞空時間は同じであると考えられる。その場合の滞空時間を$μ$(翼長mm)として表現すると、ある翼長でのデータはY(翼長)であるが、実際の計測では

表3.2.3　データから求めた範囲

量	翼長40mm	翼長50mm
平均+3×標準偏差	1.776	1.762
平均−3×標準偏差	0.845	0.949

誤差が含まれるので、

$$Y(翼長)=\mu(翼長)+誤差\ e$$

として表現できる。

データから、

$$\mu(40mm)=\mu(50mm)\ か\ \mu(40mm)\neq\mu(50mm)$$

のどちらであるかを推測する。これは、

$$\mu(40mm)-\mu(50mm)=0\ か\ \mu(40mm)-\mu(50mm)\neq 0$$

を検討することと同じである。

この平均の差に対応するデータでの平均の差 $Y_{40mm,50mm}=\bar{Y}(40mm)-\bar{Y}(50mm)$ について検討することにすると、ケース 3.1 での手順が適用できる。適用する場合でも機械的な適用はできないので、いくつかを確認する。

・実験回数が一方の回数のみが多いなど偏っていない。
・水準内、水準間での試行は独立であった。

このような事柄が成り立っていると考えられる場合には、

$$\{\bar{Y}(40mm)-\bar{Y}(50mm)-\{\mu(40mm)-\mu(50mm)\}\}$$

についても、平均の差 $\{\bar{Y}(40mm)-\bar{Y}(50mm)\}$ の標準偏差を元に検討することができる。

(2) 2つの平均の差の標準偏差

ケース 3.1 では、平均の標準偏差（標準誤差）について $\frac{1}{\sqrt{n}}s$ として求めることができたが、平均の差の標準偏差についても同様に求めることができる。n_1 を翼長 40mm でのデータの個数、n_2 を翼長 50mm でのデータの個数とする。同様な対応付けを標本分散 s_1^2, s_2^2 などで行うと、併合した分散から求められる標準誤差は、

$$s=\sqrt{\frac{1}{n_1}+\frac{1}{n_2}}\sqrt{\frac{(n_1-1)s_1^2+(n_2-1)s_2^2}{(n_1-1)+(n_2-1)}}$$

として求めることができる。

ここでは $\{\mu(40mm)-\mu(50mm)\}=0$ を想定しているので、この想定のもとで、

平均値の差として $\bar{y}(40mm) - \bar{y}(50mm) = 1.311 - 1.356$ が 0 と見なせるかどうかを調べればよい。

$$s_{\bar{y}1 - \bar{y}2} = \sqrt{\frac{1}{20} + \frac{1}{20}} \sqrt{\frac{19 \times 0.024 + 19 \times 0.018}{19 + 19}} = 0.046$$

となる。これから、

$$t = \frac{1.311 - 1.356}{0.046} = -0.978$$

となる。

この値をもとに $\{\mu(40mm) - \mu(50mm)\} = 0$ の妥当性を検討する。

2つの平均の差を検討する場合に、少なくとも2つの水準での分散が等しいかどうかを検討しておく必要がある。そのために分散比 s_1^2/s_2^2 を求めると、

$$\frac{0.024}{0.018} = 1.333$$

となり、1から大きく離れていないので、翼長40mmでの分散 σ^2_{40mm} と翼長50mmでの分散 σ^2_{50mm} は同じであるとの等分散性の仮説が受容されるので、先の t を元に検討することができる。

分散比が1より比較的小さいか大きくなった場合には、実験条件が異なったことが考えられるので、①データ収集で分散を変えるような状況があったかどうかを確認する、②2つの条件別に分析して検討する、などが必要である。分散比が2以上（0.5以下）である場合には実験条件が異なったことが疑われる。

先に用いた $|t| > 2$ かどうかを用いて解釈すると、翼長40mmでの平均値と翼長50mmでの平均値には差がないという仮説を受容することになる。

Act

この結果から、平均値を用いて検討する場合には、翼長として40mmから50mmの紙コプターそれぞれでは滞空時間に差がないので、他の翼長の紙コプターの作製を行うべきであるとの提案ができる。

第3章 要約統計量を用いてデータの特徴を捉える

ケース 3.3 紙コプターの最適な翼長を決める

ケース 3.2 では紙コプターの翼長を要因として扱った。しかし、翼長を量的データとして、翼長の値により効果を説明するという分析を行うことができる。この場合には、PDCA で Plan の部分は同じであるが、Do の部分の原因部の変数の型が量的データとなることにより、分析モデルが変わる。

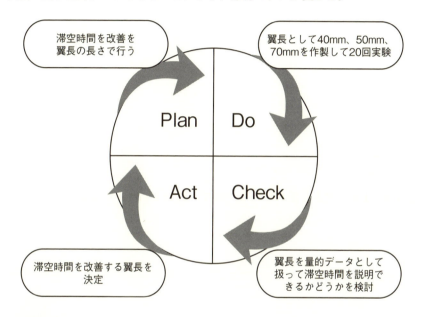

Plan

滞空時間の改善を翼長の調整（40mm と 50mm と 70mm）で行う。まずは滞空時間を伸ばすことであるが、ある翼長での滞空時間の標準偏差を小さくする翼長も検討する。

Do

翼長として、40mm、50mm、70mm と設定する。

63

滞空時間計測回数としては、おのおの20回とする。

まず単純なモデルから始めるのが鉄則であるので、

　　滞空時間＝a＋b×翼長＋誤差

とするモデルを考える。

ここで、(a, b) は未知の値であるので、これらの値をデータから求めることになる。b の値は、翼長が1mm長くなった場合の滞空時間の変化量を表しており、**回帰係数**と呼ばれる。a は直線の切片であるが、ここでは、「**得られた翼長の範囲のなかで、滞空時間を説明するための定数効果を表している**」と解釈できる。

このように、

・原因系 x が量的データである

・結果系 y が量的データである

・原因から結果を説明するモデルのパラメータに関して線形（直線）であるようなモデルを**単回帰分析**と呼び、y を**応答変数**、x を**説明変数**と呼ぶ。

> 〈ワンポイント解説〉説明変数
>
> 　説明変数が質的データである場合に、その水準数が２から３以上と増すと、適合度を調べる量に t ではない量を用いることになるが、説明変数が量的データである場合には、説明変数が１個のみであるだけを想定しているので、翼長の値には関係なく t 値を用いることができる。

ここで、線形であるというのは未知の (a, b) に関して線形であるかどうかを述べているので、例えば、

　　滞空時間＝a＋b×翼長²＋誤差

なるモデルの b に関しても線形であるので、線形の単回帰分析モデルである。

(a, b) を求めるためには、あまり仮定をおかずに求めることができる**最小2**

乗法が用いられることが多い。

この手法は、個々のデータの組 $(x_i, y_i), i=1, 2, \cdots, n$ について必ず、
$$y_i = a + b \times x_i + e_i, i=1, 2, \cdots n$$
となることから
$$e_i^2 = (y_i - a - b \times x_i)^2$$
とした誤差の 2 乗を考え、次に
$$\sum_{i=1}^n e_i^2 = \sum_{i=1}^n (y_i - a - b \times x_i)^2$$
を最小にする (a, b) の組を採用する手法である。

第 6 章で詳しく説明するが、この最小 2 乗法の解は、

$\bar{y}$：応答変数の平均値

$\bar{x}$：説明変数の平均値

s_{xy}：応答変数と説明変数の共分散

s_x：説明変数の標準偏差

s_y：応答変数の標準偏差

r_{xy}：応答変数と説明変数の相関係数　　$r_{xy} = \dfrac{s_{xy}}{s_x s_y}$

とすると、
$$a = \bar{y} - b \times \bar{x} = 応答変数の平均値 - b \times 説明変数の平均値$$
$$b = \frac{\sum_{i=1}^n (x_i - \bar{x})(y_i - \bar{y})}{\sum_{i=1}^n (x_i - \bar{x})^2} = r_{xy} \times \frac{s_y}{s_x} = 相関係数 \times \frac{応答変数の標準偏差}{説明変数の標準偏差}$$
として求められる。

紙コプターの場合についてまとめると、説明変数である翼長については、40mm が 20 個、50mm が 20 個、70mm が 20 個であり、その翼長の平均値は 53.333mm になる。滞空時間についても合わせてまとめると**表 3.3.1** のようになる。

表 3.3.1　翼長→滞空時間に関する統計量

変数	オブザベーション	最小	最大	平均	標準偏差
滞空時間	60	1.130	1.800	1.372	0.156
翼　長	60	40.000	70.000	53.333	12.577

係数 b の分子の式は、説明変数と応答変数間の共分散の定数倍で、分母も説明変数の分散の定数倍（平方和）である。

> 〈ワンポイント解説〉相関係数
>
> ここでは、翼長が決まると滞空時間が決まるとする因果関係を想定しているが、これとは異なる２変量 x と y 間の関係を表すものとして方向性を考えない相関関係を表す相関係数 r_{xy} がある。相関係数は２つの量的データ x と y について
>
> $$r_{yx} = r_{xy} = \frac{\frac{1}{n-1}\sum_{i=1}^{n}(x_i-\bar{x})(y_i-\bar{y})}{S_x S_y}$$
>
> $r_{xy} = r_{yx}$
>
> を用いて関係を調べる。
>
> 相関係数は、定義より、
>
> $-1 \leq r_{yx} \leq 1$
>
> である。相関係数は、x と y との線形関係の程度を計るものであるので、両者の間に非線形関係はある場合には、不適切な量である。

単回帰分析では方向性を考えるが、式から予想されるように応答変数と説明変数の相関係数と関係している。相関係数を求めると、**表 3.3.2** になる。

表 3.3.2　翼長と滞空時間間の相関行列

変　数	翼　長	滞空時間
翼　長	1.000	0.374
滞空時間	0.374	1.000

ケース 3.2 やケース 3.3 のように原因→結果のモデルを用いた場合には、応答変数でのデータの変動を整理する必要がある。最小２乗法を用いると、必ず、

表 3.3.3　分散分析表　翼長→滞空時間の場合の変動の分解

ソース	自由度	平方和	平均平方	F
モデル	1	0.200	0.200	9.427
残　差	58	1.228	0.021	
データ	59	1.428		

応答変数の偏差平方和＝予測値の偏差平方和＋残差の偏差平方和

となる。

そこで、モデルはデータをどのように説明しているかを調べる偏差平方和についてまとめた**分散分析表**を作成する。この場合作成すると**表 3.3.3** になる。

分散分析表の値に用いて単回帰分析モデルがどの程度データに適合しているかを示す決定係数 R^2 は

$$R^2 = \frac{\sum_{i=1}^{n}(\hat{y}_i - \bar{y})^2}{\sum_{i=1}^{n}(y_i - \bar{y})^2} = \frac{モデルの平方和}{データの平方和}, \quad 0 \leq R^2 \leq 1$$

で定義され、この場合には $R^2 = 0.374^2 = 0.140$ となった。

翼長がわかったときに、滞空時間に関して説明できている平方和の割合は 14 %程度であることがわかる。つまり、平方和の 86 %は翼長では説明できていない。

ここで決定係数は平方和に基づいた適合度であるが、データの件数が増えてもモデルの**自由度**は 1 のままであるので、モデルの平方和に比べて残差の平方和は大きくなることが予想される。そのために、自由度 1 個当たりの平方とも解釈できる平均平方を用いて、モデルと誤差での平均平方の比

$$F = \frac{モデルの平均平方}{残差の平均平方}$$

を用いて適合度をみなすことも考えられる。この比 F が 1 より大きいことは、自由度 1 個当たりの説明度を考えた場合に、モデルによる効果が大きいことを示唆しており、通常 4 以上程度を目安にする。

単回帰分析を実施して求めた係数を挙げた**表 3.3.4** から、標準誤差は a または b の標準偏差と見なせるので、

$1.125 \pm 1.96 \times 0.083$ 　または、$0.005 \pm 1.96 \times 0.002$

の区間に 0 が含まれるどうかでモデルでの説明変数の採用について検討することも考えられる。

表 3.3.4　回帰係数（a, b）

パラメータ	数　値	標準誤差
切　片	1.125	0.083
翼　長	0.005	0.002

〈ワンポイント解説〉自由度

　自由度とは、我々がモデルを当てはめる場合に、データのうち、何個自由にその値を決めることができるかを示している値である。表 3.3.3 でデータの自由度が 59 になっているのは、元のデータの件数は 60 個あったが、データから求めた平均からの偏差 $y_i - \bar{y}$ を用いているので 60−1＝59 となっている。モデルについては、(a, b) の 2 個を勝手に決めることができるが、最小 2 乗法を用いると $a = \bar{y} - b \times \bar{x}$ であったので、b を決めると a が決まるので、自由度は 1 となる。残差の自由度は 59−1＝58 となる。

Act

回帰係数の値が小さいが、この値の大きさは説明変数の単位（mm）と応答変数の単位（秒）に依存するので、これのみで大小を比較検討してはいけない。

区間 $0.005 \pm 1.96 \times 0.002$ には 0 が含まれないので翼長を 40mm から 70mm の範囲で変更すると、滞空時間は長くなることが予想される（**図 3.3.1**）。

しかし、翼長 70mm 以上については測定していないので、翼長を長くすると滞空時間が長くなることは予想されるが、その予想の誤差が大きくなるために十分な検討が必要である。

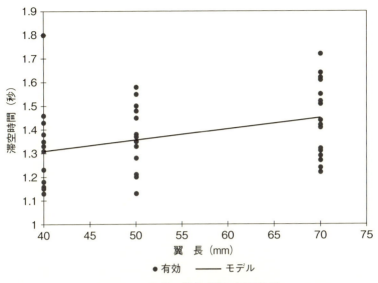

図 3.3.1　翼長→滞空時間の回帰分析

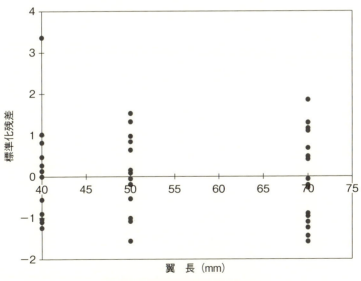

図 3.3.2　翼長と標準化残差の対応

翼長と**標準化残差**（誤差を平均 0, 分散 1 となるように変換した値）をみると、翼長が長くなると残差の幅が大きくなる傾向が読み取れる（**図 3.3.2**）。

これは滞空時間が安定していないことを示唆する。

最小 2 乗法により求められた a をモデル式に代入して y_i の予測値 $\hat{y}_i$ は

$$y_i \fallingdotseq \hat{y}_i = \bar{y} - b \times \bar{x} + b \times x_i = \bar{y} + b \times (x_i - \bar{x})$$

となる。

また、最小 2 乗解では

$$\bar{\hat{y}} = \bar{y}$$

$$\bar{e} = 0$$

$$\sum_{i=1}^{n}(\hat{y}_i - \bar{y})(e_i - \bar{e}) = 0$$

となる。

これから応答変数の偏差平方和について

$$\sum_{i=1}^{n}(y_i - \bar{y})^2 = \sum_{i=1}^{n}(\hat{y}_i - \bar{y})^2 + \sum_{i=1}^{n}(e_i - \bar{e})^2$$

となる。最小 2 乗法を用いると、必ずこの式が成立する。

これは先にも述べたが

応答変数の偏差平方和＝予測値の偏差平方和＋残差の偏差平方和

となることを示している。この偏差平方和についてまとめたのが**分散分析表**である。

平方和についてまとめた分散分析表を作成すると**表 3.3.5** になる。

これを用いて、モデルが応用変数の偏差平方和をどの程度説明しているかを示す決定係数 R^2

$$R^2 = \frac{\sum_{i=1}^{n}(\hat{y}_i - \bar{y})^2}{\sum_{i=1}^{n}(y_i - \bar{y})^2}, \ 0 \leq R^2 \leq 1$$

がモデルを評価する場合に用いられる。

また、$x_i = \bar{x}$ の予測値は $\hat{y}_i = \bar{y}$ となるので、この最小 2 乗法で得られる予測線は必ず $(\bar{x}, \bar{y})$ を通る。

第3章　要約統計量を用いてデータの特徴を捉える

表 3.3.5　分散分析表

ソース	自由度	平方和	平均平方	F
モデル	説明変数の個数 (p)	$\sum_{i=1}^{n}(\hat{y}_i-\bar{y})^2$	$\dfrac{\sum_{i=1}^{n}(\hat{y}_i-\bar{y})^2}{p}$	分散比 $=\dfrac{\sum_{i=1}^{n}(\hat{y}_i-\bar{y})^2/p}{\sum_{i=1}^{n}(e_i-\bar{e})^2/(n-1-p)}$
残　差	データの個数－1 －説明変数の個数 ($n-1-p$)	$\sum_{i=1}^{n}(e_i-\bar{e})^2$	$\dfrac{\sum_{i=1}^{n}(e_i-\bar{e})^2}{n-1-p}$	
データ	データの個数－1 ($n-1$)	$\sum_{i=1}^{n}(y_i-\bar{y})^2$	$\dfrac{\sum_{i=1}^{n}(\hat{y}_i-\bar{y})^2}{n-1}$	

〈ワンポイント解説〉決定係数と相関係数

　単回帰モデルの場合には、決定係数は応答変数と説明変数の相関係数の2乗 r_{xy}^2 と等しくなる

　　$R^2=r_{xy}^2$

ので、量的な説明変数が複数個あり、そのなかから1個の説明変数を採用したい場合には、r_{xy}^2 のもっとも大きな説明変数をモデルの説明変数として採用すればよい。

第 4 章

平均精度のブレを考慮して改善する

　多くの場面で改善を図る結果の変数が量的データである場合には、改善前の平均と改善後の平均を用いて比較検討することが多い。データの分布が正規分布ならば、その平均（和）の分布も正規分布に従う。しかし、実際の場面でデータが正規分布に従うとみなせることは少ない。

　データの分布が正規分布でなくとも、その分布に平均と分散が存在するならば、n個のデータの和（平均）はnが十分大きいとおおよそ正規分布に従うという中心極限定理を用いて、平均の平均、標準誤差（平均の標準偏差）を求めることができる。この性質を用いて、平均の差が統計的に有意な差があるとみなせるかどうかをもとに改善を図ることができる。

4.1 多くのデータからの平均を利用する

第 3 章では丸棒のデータの平均が規格に含まれているかどうかや紙コプターの滞空時間の改善について検討した。そこで、全体的な改善を図るために、1個1個のデータではなく、丸棒の直径 $\bar{y}$ や、翼長 50mm の紙コプターの平均滞空時間と翼長 40mm の紙コプターの平均滞空時間の差（$\bar{y}_{50mm} - \bar{y}_{40mm}$）について考えた。しかし、1個ずつの平均を比較しても何もいえない。

平均の分布や平均の差の分布

$\bar{Y}, \quad \bar{Y}_{50mm} - \bar{Y}_{40mm}$

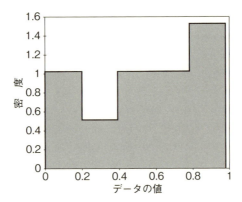

図 4.1.1　連続型一様分布（[0, 1]のデータ 20 個のヒストグラム）

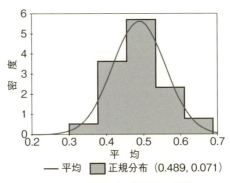

図 4.1.2　連続型一様分布の平均

についての性質、つまり、$\bar{Y}_{50mm}$ や $\bar{Y}_{40mm}$ の分布の性質について分かれば改善のために平均を利活用できる。これを保証するのが**中心極限定理**である。

これを考えるために、データの分布について事前に何も情報がない場合として、Yの分布として0から1までの値が同じ確率で生起する**連続型一様分布**を考えてみよう。

連続型一様分布からの20個の値を取り出し、その平均を求める。このことを50回繰り返して50個の平均のヒストグラムを求めた（図4.1.1、図4.1.2）。これから、平均は正規分布に近くなっていることがわかる。

同様に1～6の目のサイコロについて同じことを行った（図4.1.3、図4.1.4）。

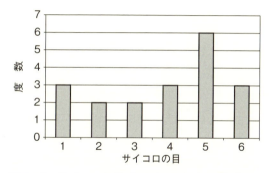

図4.1.3 サイコロの目（1から6の目）の棒グラフ

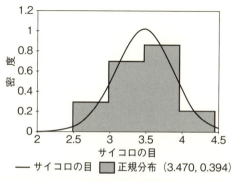

図4.1.4 サイコロの目の平均のヒストグラム

これからも平均はベル型に近くなっている。

このようなことは経験的に言われていたことであるが、この平均の性質について統計的に保証するのが中心極限定理である。

> 〈ワンポイント解説〉中心極限定理
>
> 確率変数 Y_i の母平均は μ、母分散が σ^2 として存在するならば、独立な n 個の和 S
>
> $$S = \sum_{i=1}^{n} Y_i$$
>
> は n が十分大きければ、その分布はおおよそ
>
> $$S \overset{L}{\sim} N(n\mu, n\sigma^2)$$
>
> なる正規分布に従う。これから、
>
> $$\bar{Y} = S/n \overset{L}{\sim} N(\mu, \sigma^2/n)$$
>
> となるという定理である。

ケース 4.1.1 工作機械の平均精度を検討する

従来は平均は1つの値として推定された。しかし、実際にはデータセットごとに異なるので、むしろ、ある区間に含まれているとして推定したほうが適切である。平均について区間推定を行ってみよう。

Plan

工作機械のオーバーホール後に製作された丸棒はどのような平均をもっているのかを検討してみよう。丸棒20本の平均は4.5016であったが、20本製作することを何度も行ったならば、その平均はどのような値になるであろうか。

平均を1つの値として推定するならば、その推定値は $\hat{\mu} = 4.5016$ mm であるが、区間推定を行う場合には、おおよそ

> **〈ワンポイント解説〉平均の区間推定**
>
> 丸棒の平均を求めることを m 回行うと m 個の平均が得られるが、そのヒストグラムを作成してヒストグラムの形のみに言及することしかできない。しかし、中心極限定理より、丸棒の直径が正規分布に従わなくとも、平均 μ と分散 σ^2 が存在すれば、丸棒 n 本の平均 $\bar{Y}$ は正規分布に従うので、
>
> $$P\left(\frac{|\bar{Y}-\mu|}{\sigma/\sqrt{n}} \leq z_a\right) = p$$
>
> となる定数 z_a を求めることができる。例えば $p=0.95$ とすると、正規分布 $N\left(\mu, \frac{1}{n}\sigma^2\right)$ に従う場合には、平均の範囲は
>
> $$\mu - 1.96 \times \frac{\sigma}{\sqrt{n}} \leq \bar{y} \leq \mu + 1.96 \times \frac{\sigma}{\sqrt{n}}$$
>
> となる。
>
> ※ $p=0.95$ というのは、平均を求めることを数多く行うと、その区間のうちの95%には、平均 μ が含まれていることを意味する。
>
> ここで、この式を μ に関する不等式とみなしてしまえば
>
> $$\bar{y} - 1.96 \times \frac{\sigma}{\sqrt{n}} \leq \mu \leq \bar{y} + 1.96 \times \frac{\sigma}{\sqrt{n}}$$
>
> となり、見かけ上、平均 μ の範囲の不等式となる。この式を用いて、
>
> $$\bar{y} - 1.96 \times \frac{\sigma}{\sqrt{n}} \leq \hat{\mu} \leq \bar{y} + 1.96 \times \frac{\sigma}{\sqrt{n}}$$
>
> として、平均を値ではなく、区間として推定するのが平均の区間推定である。定数 $z_a=1.96$ は扱う問題により他の値 $z_a=2.58$ などのように設定される。

$$4.5016 - 1.96 \times \frac{\sigma}{\sqrt{20}} \leq \hat{\mu} \leq 4.5016 + 1.96 \times \frac{\sigma}{\sqrt{20}}$$

により、その区間は推定される。ここで、$\hat{\mu}$ は平均の推定量である。

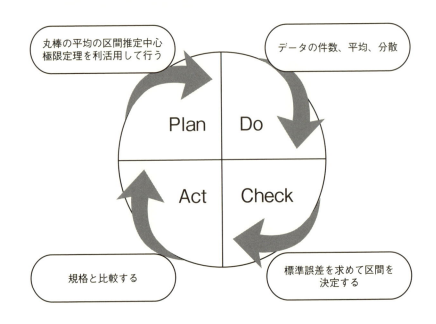

Do

丸棒のデータを収集する（**表 4.1.1**）。

表 4.1.1　丸棒のデータ

データの件数	20
平均	4.5016
分散（$n-1$）	0.0005
標準偏差（$n-1$）	0.0220

Check

母分散 σ^2 が未知なので、Plan で説明した定数 $z_\alpha = 1.96$ などは用いることができないので、代わりに「**母分散が未知の場合に用いられる t 分布からのパーセント点**」を用いて区間を構成する。

第4章　平均精度のブレを考慮して改善する

$$\bar{y} - t_{(n-1, 0.025)} \times \frac{s}{\sqrt{n}} \leq \hat{\mu} \leq \bar{y} + t_{(n-1, 0.025)} \times \frac{s}{\sqrt{n}}$$

として、標準偏差 σ の代わりにデータの標準偏差 s を用いた標準誤差 $s/\sqrt{n}$ を用いて区間推定を行ってみよう。この場合に $s=0.0220$ を用いたことにより、$z_\alpha=1.96$ などの定数は用いることができず、自由度 $n-1$ の t 分布に従う場合の指定したパーセント点に対応する t 値を用いることになる。

この改善に関して EXCEL など用いて t 値を求めると $t_{(19, 0.025)}=2.09$ であるので、オーバホール後の丸棒の平均はおおよそ

　　　[4.5016−0.010, 4.5016+0.010]

の範囲に含まれているであろう。

Act

この範囲には規格 4.50±0.01 が含まれているので、平均としては管理されているといえる。

〈ワンポイント解説〉有意水準ごとの z の値

正確な数表などは EXCEL などを用いて求めることができる。ここでは、よく用いられる値を挙げる。この値以上であると通常の帰無仮説は棄却される。

・t 分布での t 値

両側検定　基準となる t 値（絶対値）

有意水準	$n=10$	$n=25$	$n=50$
5 %	2.23	2.06	2.01
1 %	3.17	2.79	2.68

片側検定

有意水準	$n=10$	$n=25$	$n=50$
5 %	1.81	1.71	1.68
1 %	2.76	2.49	2.40

・正規分布での有意水準と基準値

両側検定

有意水準	z_α 値（絶対値）
5 %	1.96
1 %	2.58

片側検定

有意水準	z_α 値（絶対値）
5 %	1.64
1 %	2.33

ケース 4.1.2　不良品のブレを検討する

　従来は、不良品の数はおおよそ 1 ロット 1,000 個中 120 個であったが、最近、不良品の数が増えているように思われた。そこで、製作工程が管理されているかどうかを検討するために平均を求めた。1,000 個からの不良品の数を求めたならば 170 個であった。

　計数値をもとに改善を考える。結果としての変数が量的データとして平均の区間推定を行ったが、結果の変数が不良品の個数であるような場合の改善についても同様な方法で区間推定を行うことができる。

Plan

　不良品である確率を p とすると、不良品でない確率は $q=1-p$ となる。このような試行を n 回行った場合の不良品の個数は、p があまり小さくない、または大きくない値ならば二項分布に従う。

　その母平均と母分散は、

$\mu = np$

$\sigma^2 = npq = np(1-p)$

となるので、二項分布の正規近似が適用できるくらい n が大きければ、中心極限定理を用いて、平均の区間推定は、

$$\bar{y} - z_\alpha \frac{1}{\sqrt{n}} \sqrt{\bar{y}(1-\bar{y})} \le p \le \bar{y} + z_\alpha \frac{1}{\sqrt{n}} \sqrt{\bar{y}(1-\bar{y})}$$

となる。

Do

　データの件数は 1,000 個で、不良品の数は 170 個であった。

第4章 平均精度のブレを考慮して改善する

Check

$\bar{y} = 0.170$

$$0.170 - 1.96 \frac{1}{\sqrt{1000}} \sqrt{0.170(1-0.170)} \leq p$$

$$\leq 0.170 + 1.96 \frac{1}{\sqrt{1000}} \sqrt{0.170(1-0.170)}$$

Act

区間は [0.147, 0.193] となるので、以前の不良率 0.120 を区間に含んでいないことから不良率の変化が疑われる。

ケース 4.1.3 性能を比較検討する

2つの条件下でそれぞれ得られた平均の差の範囲について区間推定する場合について考えよう。基本的には1つの平均の区間推定と同じであるが、標準誤差の計算で注意する必要がある。

Plan

翼長 50mm の紙コプターの滞空時間と翼長 40mm の紙コプターの滞空時間の差について、その平均の差の範囲はどの程度か。

$\bar{y}_{50mm} - \bar{y}_{40mm}$

について、その範囲は

$$\bar{y}_{50mm} - \bar{y}_{40mm} - t_{(n_{50mm}-1+n_{40mm}-1, 0.025)} \times s_e \leq \mu_{50mm} - \mu_{40mm}$$
$$\leq \bar{y}_{50mm} - \bar{y}_{40mm} + t_{(n_{50mm}-1+n_{40mm}-1, 0.025)} \times s_e$$

として求められる。ここで、s_e は**標準誤差**である。

丸棒と同じく考えれば、

$$\mu_{50mm} - 1.96 \times \frac{\sigma_{50mm}}{\sqrt{n_{50mm}}} \leq \bar{y}_{50mm} \leq \mu_{50mm} + 1.96 \times \frac{\sigma_{50mm}}{\sqrt{n_{50mm}}}$$

$$\mu_{40mm} - 1.96 \times \frac{\sigma_{40mm}}{\sqrt{n_{40mm}}} \leq \bar{y}_{40mm} \leq \mu_{40mm} + 1.96 \times \frac{\sigma_{40mm}}{\sqrt{n_{40mm}}}$$

となるので、

$$\mu_{50mm} - \mu_{40mm} - 1.96 \times \left(\frac{\sigma_{50mm}}{\sqrt{n_{50mm}}} + \frac{\sigma_{40mm}}{\sqrt{n_{40mm}}} \right)$$

$$\leq \bar{y}_{50mm} - \bar{y}_{40mm} \leq$$

$$\mu_{50mm} - \mu_{40mm} + 1.96 \times \left(\frac{\sigma_{50mm}}{\sqrt{n_{50mm}}} + \frac{\sigma_{40mm}}{\sqrt{n_{40mm}}} \right)$$

となる。母分散が既知の場合には、これを変形して母平均の差の範囲を推定することができる。しかし、母分散が未知の場合に2つの標準偏差を加えた値の分布については難しくなるので、まず、2つの分散の**等分散性**

$$\sigma_{50mm}^2 = \sigma_{40mm}^2$$

を仮定しよう。この等分散性は分散比で検討する。

　この仮定のもとで、合併したデータの分散 $s_{50mm-40mm}^2$ を第3章のように以下のようにして求める。

$$s_{50mm-40mm}^2 = \frac{(n_{50mm}-1)s_{50mm}^2 + (n_{40mm}-1)s_{40mm}^2}{n_{50mm}-1+n_{40mm}-1}$$

これから、合併した標準偏差を

$$s_{50mm-40mm} = \sqrt{s_{50mm-40mm}^2}$$

として決める。次に、2つの平均の差を扱っているので、標準誤差は

$$s_e = \sqrt{\frac{1}{n_{50mm}} + \frac{1}{n_{40mm}}} \, s_{50mm-40mm}$$

となり、

$$\bar{y}_{50mm} - \bar{y}_{40mm} - t_{(n_{50mm}-1+n_{40mm}-1,\, 0.025)} \times s_e \leq \mu_{50mm} - \mu_{40mm}$$

第 4 章　平均精度のブレを考慮して改善する

$$\leq \bar{y}_{50mm} - \bar{y}_{40mm} + t_{(n_{50mm}-1+n_{40mm}-1,\,0.025)} \times s_e$$

をもとにして範囲を推定することになる。

> 〈ワンポイント解説〉分散比
>
> 　2つのグループAとBがあり、グループAから n_A 個のデータを、グループBから n_B 個のデータを収集して、平均 $\bar{y}_A,\bar{y}_B$ や分散 $s_A{}^2, s_B{}^2$ をグループごとに求めたとしよう。このとき、グループAの母分散 $\sigma_A{}^2$ とグループBの母分散 σ_B^2 の分散が等しいかどうかを検討する。$\sigma_A{}^2 = \sigma_B{}^2$ と仮定すると、計量Fとして、
>
> $$F = \frac{s_A{}^2/\sigma_A{}^2}{s_B{}^2/\sigma_B{}^2} = \frac{s_A{}^2}{s_B{}^2}$$
>
> が、2つのグループ間の分散比となる。この値はデータが正規分布からの実現値である場合には、自由度 (n_A, n_B) の F 分布に従う。特に、自由度 $(1, n)$ の F 統計量の分布は自由度 n の t^2 統計量の分布と一致するので、F の大きさの目安として 2^2 以上かどうかを用いることも考えられる。

データを収集する（表 4.1.2）。

表 4.1.2　翼長 40mm と 50mm の滞空時間に関する要約統計量

翼長	40mm	50mm
データの件数*	$n_{40mm}=20$	$n_{50mm}=20$
平均値*	$\bar{y}_{40mm}=1.311$	$\bar{y}_{50mm}=1.356$
分散*	$s_{40mm}{}^2=0.024$	$s_{50mm}{}^2=0.018$
標準偏差*	$s_{40mm}=0.155$	$s_{50mm}=0.135$

＊差を検討するときに用いる統計量

平均の差は $1.356 - 1.311 = 0.045$、分散は 0.024 と 0.018。

分散比を求めると 0.024/0.018＝1.333 となる。

$$標準誤差 = \sqrt{\frac{1}{20} + \frac{1}{20}} \sqrt{\frac{19 \times 0.024 + 19 \times 0.018}{19 + 19}} = 0.316 \times 0.145 = 0.046$$

となるので、範囲は $[0.045 - t \times 0.046,\ 0.045 + t \times 0.046]$ となる。

t の値は 2 よりは大きいので区間には 0 が含まれる。

Act

平均の差の区間に 0 が含まれていることから滞空時間には差がないであろう。

4.2 平均精度を検定する

ケース 4.2.1 工作機械の平均精度が規格内か検定する

機械加工した丸棒のデータの平均に関して区間推定を行った。次に、この平均が規格の平均と同じとみなせるかどうかについて検定を行ってみよう。

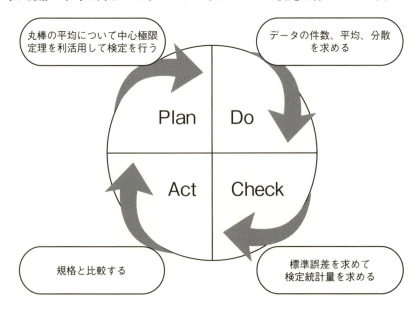

第4章　平均精度のブレを考慮して改善する

Plan

工作機械はオーバーホール後でも規格に合った丸棒を工作しているか。

知識としては、丸棒は母平均 $\mu=4.500$、母分散 $\sigma^2=$ 未知の分布に従っているのであるから、分布が変わっていなければ、オーバーホール後の丸棒20本の平均は、母平均 $\mu_{\bar{y}}=4.500$、母分散 $\sigma_{\bar{y}}^2=\dfrac{1}{20}\sigma^2$ の正規分布で近似される。母分散 σ^2 は未知であるので、代わりにデータから推定したデータの分散 s^2 を用いることにする。

中心極限定理を用いた、**母分散が既知の場合**に平均に関する検定を **z 検定**

$$Z=\frac{\bar{Y}-\mu}{\sigma/\sqrt{n}}$$

といい、母分散の代わりに**データの分散を用いた場合**の平均に関する検定を **t 検定**

$$T=\frac{\bar{Y}-\mu}{S/\sqrt{n}}$$

というが、ここでは母分散が未知であるので t 検定を用いることになる。

ここで分母の S はデータからの標準偏差であるために、データの件数 n により、データの分散の自由度は異なるのでデータの件数が重要な働きをする。しかし、一方では、中心極限定理では n が十分大きいとしていたが、ここではデータの件数 n に応じて T の評価ができるので、データの件数が小さい場合でも適用可能である。

データとしては**表 4.2.1** が得られた。

表 4.2.1　オーバーホール後の工作機械で加工した丸棒のデータ

データの件数	20
平均	4.5016
分散 ($n-1$)	0.0005
標準偏差 ($n-1$)	0.0220

検定を行う場合には、まず**帰無仮説** H_0 と**対立仮説** H_1 を設定する。

H_0：オーバーホール後の直径は規格に合致している

H_1：オーバーホール後の直径は規格に合致していない

⇨

H_0：オーバーホール後の平均 = 規格の平均　$\mu=4.500$

H_1：オーバーホール後の平均 ≠ 規格の平均　$\mu \neq 4.500$（両側検定）

帰無仮説のもとでデータからの統計量を用いて検定を行う。ここでは有意水準 5 % とする。

$$t = \frac{4.5016 - 4.500}{0.0220/\sqrt{20}} = 0.325$$

帰無仮説 H_0：オーバーホール後の平均 = 規格の平均　$\mu=4.500$
という仮説を受容することになる。

> 〈ワンポイント解説〉帰無仮説と対立仮説
>
> 統計学で仮説を検定する場合には、帰無仮説と対立仮説の 2 つを設定する。
>
> 　帰無仮説　H_0：翼長 50mm での滞空時間と翼長 40mm での滞空時間には差がない。
>
> この場合、帰無仮説での危なさの程度を「**有意水準 α**」で事前に設定する。通常、有意水準としては 5 % や 1 % を設定する。
>
> 帰無仮説が有意水準 α で棄却された場合に採用する仮説を**対立仮説**という。
>
> ・翼長の場合の例
>
> 翼長が長い方が滞空時間が短くても良いよう、滞空時間に差があると言いたい場合には→両側対立仮説
>
> 翼長が長い方が滞空時間が長くあってほしい場合には→片側対立仮説
>
> **帰無仮説（または対立仮説）が正しいという言い方はなく、帰無仮説（または対立仮説）を受容するという。**

Act

この値の絶対値は2より小さいので、オーバーホール後の平均は統計的にも規格の平均と等しいとする帰無仮説を受容し、我々は丸棒の直径は規格に合致して製作されていると判定される。

> 〈ワンポイント解説〉第1種の過誤と第2種の過誤
>
> 本当は帰無仮説が真のときに、標本をもとにして判断をするので誤り、対立仮説を受容する場合もある。これを「第1種の過誤」という。
>
> 本当は対立仮説が真のときに、標本をもとにして判断をするので誤り、帰無仮説を受容する場合もある。これを「第2種の過誤」という。
>
> 先に設定した有意水準はこの過誤に関する確率である。
>
> | 判　　断 | 本当は帰無仮説が真のとき | 本当は対立仮説が真のとき |
> |---|---|---|
> | 帰無仮説を棄却 | 第1種の過誤
$P(帰無仮説を棄却\|H_0)=\alpha$ | 正しい判断
$P(帰無仮説を棄却\|H_0)=$検出力 |
> | 帰無仮説を受容 | 正しい判断 | 第2種の過誤
$P(帰無仮説を受容\|H_1)=\beta$ |

ケース4.2.2　2つの条件下の結果には差があるかを検定する

50mmの翼長の滞空時間（秒）と40mmの翼長の滞空時間（秒）に差があるかどうかを検定する。帰無仮説、有意水準、対立仮説を設定して検定を行うことは同じであるが、分散の等分散性の検討は必ず行う必要がある。

さらに、思わぬ誤解をしてしまうことがあるので、事前にダイヤモンド図を用いて平均の重なりを検討する。そのために標準誤差を s_{e50mm}, s_{e40mm} を用いてダイヤモンドの幅を作成する。

おおよそ正規分布に従うとして、95%信頼度をもとにすると $z_\alpha=1.96$ として扱うことが考えられるが、ここでは扱いやすくするために $z_\alpha=2.0$ を用いることにする。

したがって、

$$\bar{y}_{50mm} - 2.0 \times \frac{1}{\sqrt{n_{50mm}}} s_{50mm} \leq \mu_{50mm} \leq \bar{y}_{50mm} + 2.0 \times \frac{1}{\sqrt{n_{50mm}}} s_{50mm}$$

と

$$\bar{y}_{40mm} - 2.0 \times \frac{1}{\sqrt{n_{40mm}}} s_{40mm} \leq \mu_{40mm} \leq \bar{y}_{40mm} + 2.0 \times \frac{1}{\sqrt{n_{40mm}}} s_{40mm}$$

となる。

ダイヤモンド図は**図 4.2.1** のようになる。

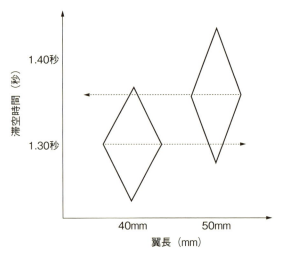

図 4.2.1　翼長 40mm と 50mm の滞空時間を比較したダイヤモンド図

　このダイヤモンド図を用いると、2 グループ間の差について調べることができる。この場合、それぞれの翼長でのダイヤモンドの大きさは同じくらいなので、分散は同じくらいとみなせるので合併した分散も計算できる。翼長 40mm の平均の範囲内に 50mm の翼長の平均が含まれているので、40mm の翼長を基準にして考えると、50mm の平均は等しいとみなせる。翼長 50mm の平均の範囲に関しても同じである。

第4章 平均精度のブレを考慮して改善する

Plan

50mm の翼長の滞空時間（秒）と 40mm の翼長の滞空時間（秒）に差があるかどうか平均の差の検定を用いて検定する。

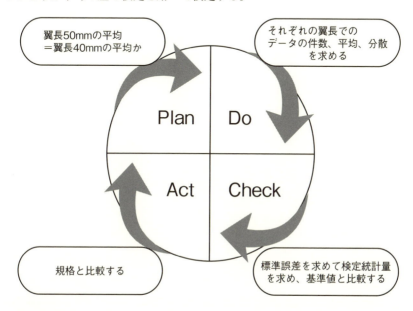

Do

データは**表 4.2.2** となる（表 4.1.2 と同じ）。

表 4.2.2 翼長 40mm と 50mm の滞空時間に関する要約統計量

翼長	40mm	50mm
データの件数*	$n_{40mm}=20$	$n_{50mm}=20$
平均値*	$y_{40mm}=1.311$	$y_{50mm}=1.356$
分散*	$s_{40mm}^2=0.024$	$s_{50mm}^2=0.018$
標準偏差*	$s_{40mm}=0.155$	$s_{50mm}=0.135$

＊は検定を行うのに用いる統計量

Check

平均の差は $1.356 - 1.311 = 0.045$。

分散は 0.024 と 0.018。

H_0：翼長 50mm の滞空時間の平均 ＝ 翼長 40mm の滞空時間の平均

　　　$\mu_{50mm} = \mu_{40mm}$

H_1：翼長 50mm の滞空時間の平均 ≠ 翼長 40mm の滞空時間の平均

　　　$\mu_{50mm} \neq \mu_{40mm}$（両側検定）

帰無仮説のもとでデータからの統計量を用いて検定を行う。ここでは有意水準 5 ％とする。

分散比を求めると $0.024/0.018 = 1.333$ となる。

標準誤差 $\sqrt{\dfrac{1}{20} + \dfrac{1}{20}} \sqrt{\dfrac{19 \times 0.024 + 19 \times 0.018}{19 + 19}}$

$= 0.316 \times 0.145 = 0.046$

$t = \dfrac{0.045}{0.046}$

絶対値は $t(38, 0.025)$ より小さいので、翼長 50mm の滞空時間の平均 ＝ 翼長 40mm の滞空時間の平均となる帰無仮説を受容する。

Act

滞空時間を伸ばすためには、他の翼長の紙コプターを製作して試みる。

ケース4.2.3 2つのラインに差があるかを検定する

ある工場のラインAとラインBで同じ製品を製造している。不良率についてラインAの方がラインBより大きいのではないかと指摘があった。

Plan

ラインAから500個、ラインBから400個製品をランダムに抽出して不良品数を数える。ラインAの平均をp_A、ラインBの平均をp_Bとする。

帰無仮説　$H_0: p_A = p_B$
対立仮説　$H_1: p_A > p_B$　　（片側検定、$\alpha = 5\%$）

Do

データは表4.2.3となる。

表4.2.3　不良品に関するデータ

	ラインA	ラインB
データの件数	500	400
不良品数	100	50

Check

$$\bar{y}_A = \frac{100}{500} = 0.200, \bar{y}_B = \frac{50}{400} = 0.125$$

標準誤差は

$$s_e = \sqrt{\frac{\bar{y}_A(1-\bar{y}_A)}{n_A} + \frac{\bar{y}_B(1-\bar{y}_B)}{n_B}}$$

帰無仮説のもとでは、

$$z = \frac{\bar{y}_A - \bar{y}_B - (p_A - p_B)}{s_e} = \frac{(0.200 - 0.125) - 0}{\sqrt{\dfrac{0.160}{500} + \dfrac{0.109}{400}}} = \frac{0.075}{0.024} = 3.125$$

Act

　z の値が 3.125 以上となる確率は 0.1 % よりも小さいので、早急にライン A を止めて、その原因を探り、改善を行う。

　不良品率 p が小さい場合には、二項分布の正規近似では不適切である。その場合には、母平均 λ のポアソン分布を想定して検定などを行う。

　同じラインで、独立にそれぞれ不良品の数 $n_1, n_2, \cdots, n_m$ も得られたとすると、ポアソン分布の分散は λ であるので、

$$\chi^2 = \sum_{i=1}^{m} \left(\frac{n_j - \lambda}{\sqrt{\lambda}} \right)^2 \sim \chi^2(m)$$

となるので、この値が大きくなるかどうかで同じ分布となっているかどうかを検定することができる。λ が未知の場合には、m 個の平均を用いての検定となるので、

$$\chi^2 = \sum_{i=1}^{m} \left(\frac{n_j - \bar{y}}{\sqrt{\bar{y}}} \right)^2 \sim \chi^2(m-1)$$

として検定を行う。

〈ワンポイント解説〉χ^2分布

丸棒の直径 Y が正規分布 $N(\mu, \sigma^2)$ に従うならば、

$$Z = \frac{Y-\mu}{\sigma} \sim N(0, 1^2)$$

となることから、実際のデータにおいて外れ値などを検討する場合に用いることもできるなど、さまざまな検討が可能となる。

$$P(|Z| \leq 2) \fallingdotseq 0.95$$

であることは、Z の値が -2 より小さい確率は 0.025（2.5％）以下であることを示しているので、

$$Z^2 = \left(\frac{Y-\mu}{\sigma}\right)^2$$

を考えると、この値は自由度 1 の χ^2 分布に従う。特に、標準正規分布 $N(0, 1^2)$ に従う独立な n 個の確率変数 $Z_1, Z_2, Z_3, \cdots, Z_n$

$$Z_i \sim N(0, 1^2), i=1, 2, \cdots, n$$

の 2 乗和　$\chi^2 = \sum_{i=1}^{n} Z_i^2$

は平均 n、分散 $2n$ の自由度 n の χ^2 分布に従う。

$$\chi^2 \sim \chi^2(n)$$

この量は分散の大きさなどを比較する場合も重要な働きをし、ここから F 分布などが導かれる。また、母平均 μ は未知で、母分散 σ^2 が既知の場合には、

$$Y_i \sim N(\mu, \sigma^2), i=1, 2, \cdots, n \quad \bar{Y} = \frac{1}{n}\sum_{i=1}^{n} Y_i$$

とすると、

$$\chi^2 = \sum_{i=1}^{n} \left(\frac{Y_i - \bar{Y}}{\sigma}\right)^2 \sim \chi^2(n-1)$$

は自由度 $n-1$ の χ^2 分布に従う。自由度 n の χ^2 分布を $\chi^2(n)$ と表記し、そのパーセント点の値を $\chi^2(n, 1-\alpha/100)$ と表記する。

第 5 章

実験をもとにデータを収集する

　製造現場で改善を達成するには様々な要因を考慮する必要がある。この要因として何個くらいまでを考慮するかは重要であるが、複数個の制御要因には、制御要因間の交互作用もあり、うまく制御要因を配置する必要がある。また、計測には誤差も含まれる。これを扱うのが実験計画法である。
　それぞれの場合について基本的には1要因の場合と2要因以上の場合では扱いが異なるので、ここでは実験計画法の基本的な手法や手順を用いて説明する。

5.1　制御する要因が1つの場合

要因が1つの場合は、ある1つの制御要因について応答要因での変化を調べることに対応し、もっとも単純な場合である。

ケース 5.1.1　要因でデータのブレを説明する

慶應義塾大学大学院・高橋武則教授による HOPE 設計のために開発された紙（ヘリ）コプター実験が有名である。以下の実験条件はそれとは全く異なるので結果は比較できないが、紙コプターの翼長として 40mm、50mm、70mm の3つの水準の場合の滞空時間の改善を図ることを考えよう。

データをもとに統計量を用いると表 5.1.1 のようになった。

一元配置分散分析モデルを用いると、結果は表 5.1.2 のようになった。

ここで、F 値は

$$F値 = \frac{主効果の平方和/主効果の自由度}{誤差の平方和/誤差の自由度} = \frac{0.200/2}{1.228/57} = 4.632$$

である。

また、翼長ごとに推定された効果の値は表 5.1.3 のようになった。

この F 値などを統計検定の枠組みで捉えることにより、紙コプターの翼長の改善が図れることになる。そのために、ここで扱っているモデルを統計モデルの**一元配置分散分析モデル**の枠組みで表してみよう。

まず、要因および水準と水準数 m を設定し、水準ごとに $n_1, n_2, \cdots, n_m$ 個のデータを収集するとしよう。その結果得られた水準 k でのデータを y_{ki} として、誤差が独立であるとすると、一元配置分析モデルでの効果は各水準の平均として推定されるが、

$$\bar{y} = \frac{1}{n}\sum_{k=1}^{m}\sum_{i=1}^{n_k} y_{ki}, \bar{y}_k = \frac{1}{n_k}\sum_{i=1}^{n_k} y_{ki}, k = 1, 2, \cdots, m$$

とすると、

$$y_{ki} = \bar{y} + \bar{y}_k - \bar{y} + y_{ki} - \bar{y}_k$$

と置くと左辺 = 右辺が成り立つ。

第5章　実験をもとにデータを収集する

表 5.1.1　翼長データ

統計量	翼長 40	翼長 50	翼長 70
平均値	1.311	1.356	1.449
分散	0.024	0.018	0.022
標準偏差	0.155	0.135	0.149

表 5.1.2　分散分析表

変動要因	自由度	平方和	平均平方（分散）	F 値	$Pr>F$
主効果	2	0.200	0.100	4.632	0.014
誤差	57	1.228	0.022		
合計	59	1.428			

表 5.1.3　モデルパラメータの推定値

水準	推定値	標準誤差	t	$Pr>\|t\|$	下限（95 %）	上限（95 %）
切片（全体）	1.449	0.033	44.142	<0.0001	1.383	1.515
翼長 40	−0.139	0.046	−2.983	0.004	−0.231	−0.046
翼長 50	−0.093	0.046	−2.014	0.049	−0.186	−0.001
翼長 70	0.000	0.000				

　ここで，$\bar{y}$ はモデルとは無関係に求められるので，
$$y_{ki}-\bar{y}=\bar{y}_k-\bar{y}+y_{ki}-\bar{y}_k$$
となり，

　　データの平均からの偏差
　　　＝水準ごとの平均の平均からの偏差＋水準ごとの平均からの残差
が得られる。

　さらに，データの平均からの偏差の 2 乗和を求めると，
$$\sum_{k=1}^{m}\sum_{i=1}^{n_k}(y_{ki}-\bar{y})^2 = \sum_{k=1}^{m}\sum_{i=1}^{n_k}[(\bar{y}_k-\bar{y})+(y_{ki}-\bar{y}_k)]^2$$
となるが，
$$\sum_{k=1}^{m}\sum_{i=1}^{n_k}(\bar{y}_k-\bar{y})(y_{ki}-\bar{y}_k) = \sum_{k=1}^{m}(\bar{y}_k-\bar{y})\sum_{i=1}^{n_k}(y_{ki}-\bar{y}_k) = 0$$
となるので，水準の平均と残差の積和が直交し，

$$\sum_{k=1}^{m}\sum_{i=1}^{n_k}(y_{ki}-\bar{y})^2 = \sum_{k=1}^{m}\sum_{i=1}^{n_k}[(\bar{y}_k-\bar{y})+(y_{ki}-\bar{y}_k)]^2$$

$$= \sum_{k=1}^{m}\sum_{i=1}^{n_k}(\bar{y}_k-\bar{y})^2 + \sum_{k=1}^{m}\sum_{i=1}^{n_k}(y_{ki}-\bar{y}_k)^2$$

となる。

これが分散分析の基本となる平方和の分解であり、

データの平方和＝水準間平方和＋水準内平方和

が得られる。

このように分解できることで、データの平方和を要因による平方和と残差の平方和に分けて取り扱うことができる。

このままでは、単なるデータの平方和の分解である。そこで、データから推測ができるように実験計画法の一部である分散分析モデルとして取り扱おう。

要因数が1つで水準を $A_1, A_2, \cdots, A_K$ の K 個ある一元配置分散分析モデルを考える。水準 k での応答変数の値を Y_k とし、要因の水準数が K で、水準 k での効果を $\alpha_k, k=1, 2, \cdots, K$ とすると、一元配置分散分析モデルは

$$Y_k = \alpha_k + e_k, e_k \sim N(0, \sigma^2), k=1, 2, \cdots, K$$

と表される。

実験計画法は改善の場面で広く利活用されているが、実験計画法において共通している仮定としては、

誤差は独立に、平均0、分散 σ^2 の正規分布に従う。

であり、分析後には残差での確認が重要となる。

要因全体の効果がないことの帰無仮説は

$$H_0 : \alpha_1 = \alpha_2 = \cdots = \alpha_K = \alpha$$

と表現される。しかし、効果 α_k は定数であるので、

$$\alpha_k = \mu + \alpha_k^*, k=1, 2, \cdots, K$$

と改めて変形して表記すると

$$Y_k = \mu + \alpha_k^* + e_k, e_k \sim N(0, \sigma^2), k=1, 2, \cdots, K$$

となり、帰無仮説は

$H_0 : \alpha_1^* = \alpha_2^* = \cdots = \alpha_K^* = 0$

として書き改められ、特に α_k, α_k^* を**主効果**と呼ぶ。

対立仮説は、

$H_1 :$ 少なくとも一組の水準の効果で $\alpha_k^* \neq \alpha_{k'}^*$

として効果の大きさなどを比較検討することになる。

このように3個以上の水準の効果を分析する点が2つの平均の差の検定と本質的に異なる。また、水準間に**交絡**があってはいけない。

〈ワンポイント解説〉交絡

データを収集する場合に、初めに水準 A_1 のデータを収集し、次に水準 A_2 のデータを収集するとしたとしよう。この場合、データの収集順で発生する誤差が各水準の効果と識別できなくて、見かけ上、水準ごとの効果があるとみなされるような場合である。実験計画を行う場合には、交絡が発生しないように実験を計画する必要がある。

ここで、**表 5.1.4** のようにまとめることで、一元配置分散分析モデルの効果を統計的に検定することができる。

表 5.1.4 データの分解とモデルの項との対応

項	データ	モデル
平均	$\bar{y}$	μ
水準ごとの平均	$y_k - \bar{y}$	α_k^*
水準ごとの平均からの残差	$y_{ki} - \bar{y}_k$	e_k

分散分析では、上の変動要因について分散をもとに効果に関する検定を行う。

検定を行うために**表 5.1.5** のようにモデルの項に対応した平方和などからなる分散分析表を作成する。

データの件数が増加しても、主効果の自由度は変わらず、誤差の自由度は大きくなるので、平方和での大小比較は難しい。しかし、自由度1当たりの平方和に対している分散での大小は比較可能である。

表 5.1.5 　一元配置分散分析モデル検定のための分散分析表

変動要因	自由度	平方和	分　　散	分散比
要　因	$m-1$	$\sum_{k=1}^{m}\sum_{i=1}^{n_k}(\bar{y}_k-\bar{y})^2$	$S_A=\dfrac{\sum_{k=1}^{m}\sum_{i=1}^{n_k}(\bar{y}_k-\bar{y})^2}{m-1}$	$F=\dfrac{S_A}{S_e}$
残　差	$(n-1)-(m-1)$	$\sum_{k=1}^{m}\sum_{i=1}^{n_k}(y_{ki}-\bar{y}_k)^2$	$S_e=\dfrac{\sum_{k=1}^{m}\sum_{i=1}^{n_k}(y_{ki}-\bar{y}_k)^2}{n-m}$	
合　計	$n-1$	$\sum_{k=1}^{m}\sum_{i=1}^{n_k}(y_{ki}-\bar{y})^2$		

そこで、
　　帰無仮説　H_0：水準ごとの効果は 0 である
　　対立仮説　H_1：水準ごとの効果は 0 ではない
として、帰無仮説のもとで検定を行う。

検定統計量 F 値が有意水準 α のもとでの基準値 F_0 より小さければ、帰無仮説を受容する。

帰無仮説のもとで、F 値 >4.632 以上となる確率 $P(F>4.632|H_0)=0.014$ であったので、帰無仮説を棄却し、対立仮説を受容する。

表 5.1.3 で、翼長 70mm の効果の値が 0 であり、標準誤差の値も 0 になっている。これは、水準ごとの平均を考えた場合に

$$n\bar{y}=\sum_{k=1}^{m}n_k\bar{y}_k$$

となる条件があることから、水準毎の平均に関しての自由度が $m-1$ となることによる。これは分散分析表でも主効果の自由度が $m-1$ となっていることからも確かめられる。

図 5.1.1 に水準ごとの平均のプロット図を示す。

分散分析モデルでは誤差が正規分布に従うことを仮定していた。これを残差をもとにチェックすることが必要である。

特定の水準での残差が正であり、他の水準での残差が負であり、両方合わせ

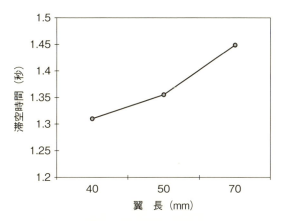

図 5.1.1　翼長の水準ごとの平均のプロット

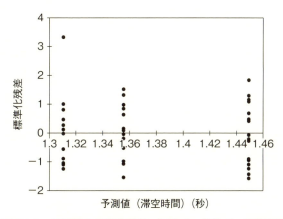

図 5.1.2　予測値と標準化残差（平均 0、分散 1）の散布図

ると残差のヒストグラムがベル型の形になって、見かけ上、正規分布のように見えてしまうことも考えられるので、必ず図 5.1.2 の予測値×（標準化）残差の散布図と図 5.1.3 の残差のヒストグラムを作成することが必要である。

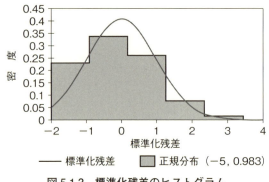

　　　　図 5.1.3　標準化残差のヒストグラム

ケース 5.1.2　定電圧電源内部の鉄芯について検定する

　ある会社では定電圧電源を組み立てている。しかし、電源の出力電圧が安定していないのではないかとのクレームがあった。調べた結果、電圧変動にもっとも効果を及ぼしているのは鉄芯の材料ではないかとのことになった。そこで鉄芯の納入業者3社ごとに電源電圧を測定した。鉄芯による電源電圧に違いがあるか。

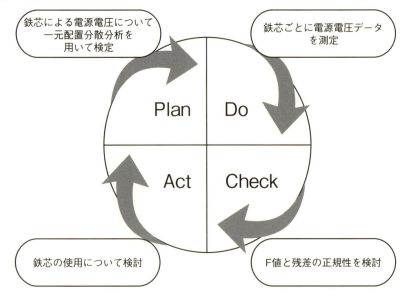

要因:鉄芯(納入業者)
水準:A、B、Cの3水準
データの件数:6件ずつ

Plan

鉄芯ごとに電源電圧に差があるか。
　帰無仮説　H_0:鉄芯ごとの電源電圧に差はない。
　対立仮説　H_1:少なくとも1つの鉄芯での電源電圧には差がある。
有意水準5%で帰無仮説の検定を行う。

Do

データを収集したものが**表5.1.6**である。

表5.1.6 定電圧電源

A	6.001	6.015	5.985	5.985	5.993	5.986
B	5.782	5.775	5.784	5.777	5.768	5.785
C	5.706	5.692	5.706	5.728	5.750	5.783

Check

一元分散分析モデルを当てはめた。分散分析表を**表5.1.7**に示す。
F値が大きく、帰無仮説は有意水準5%で棄却される。

表5.1.7 定電源電圧の分散分析表

変動要因	自由度	平方和	平均平方(分散)	F	$Pr>F$
主効果	2	0.240	0.120	269.246	<0.0001
誤差	15	0.007	0.000		
合計	17	0.247			

表 5.1.8　定電源電圧の推定値

ソース	推定値	標準誤差	t	Pr>|t|	下限（95%）	上限（95%）
切片（全体）	5.728	0.009	663.925	<0.0001	5.709	5.746
鉄芯 A	0.267	0.012	21.858	<0.0001	0.241	0.293
鉄芯 B	0.051	0.012	4.180	0.001	0.025	0.077
鉄芯 C	0.000	0.000				

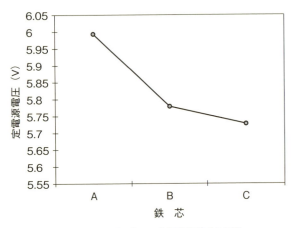

図 5.1.4　鉄芯ごとの定電源電圧の平均

　推定された主効果の大きさを表 5.1.8 と図 5.1.4 に示す。

　予測値×標準化残差の散布図を図 5.1.5 に、残差のヒストグラムを図 5.1.6 に示す。ヒストグラムから残差のヒストグラムはベル型であるとも解釈されるが、予測値×標準化残差のプロット図では、特定の鉄芯 C での電源電圧の残差のブレが大きいことがわかる。

　鉄芯 C は用いないことを提案する。

第 5 章　実験をもとにデータを収集する

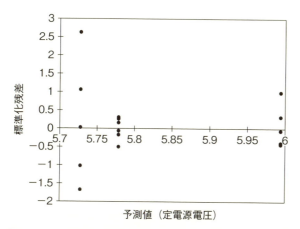

図 5.1.5　予測値と標準化残差（平均 0、分散 1）の散布図

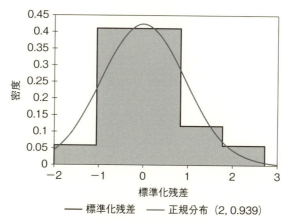

図 5.1.6　標準化残差のヒストグラム

5.2 制御する要因が2つの場合

要因数が1つの場合は一元配置分散分析モデルを用いて統計的な分析が行える。要因数が2個ある場合も同様に扱うことができ、この場合のモデルを**二元配置分散分析モデル**という。要因数が2個になったことにより、2つの要因が合わさることで作用する交互作用を含めたモデルを考える必要があることがモデルとしての取り扱いを難しくする。

そこで、まずは繰り返しのない場合を扱う交互作用を含まない要因ごとの主効果の項のみを扱う**主効果モデル**を扱い、次に繰り返しのある場合に適用できる交互作用を含んだ**交互作用モデル**を扱う。

ケース 5.2.1 テープが最適な接着強度となる温度と材質は

ある会社では、テープを製作しているが、その接着強度が最適となる材質と温度を決定したいと考えている。そこでテープの接着強度を調べるために、テープの材質と温度の2つの条件のもとで接着強度(kg/cm^2)を測定した。

温度は量的データであるので、接着強度を量的データである温度と質的データである材質を用いて説明するモデルも考えられるが、ここでは制御の点から温度を質的データとして扱う。

温度j、材質kとすると、データはy_{jk}として組(j, k)ごとに1個収集される。

繰り返し数が1である場合の二元配置分散分析モデルは、2つの要因があり、要因Aの効果を$\alpha_j^*, j=1, 2, \cdots, J$として要因Bの効果を$\beta_k^*, k=1, 2, \cdots, K$として、

$$Y_{jk} = \mu + \alpha_j^* + \beta_k^* + e_{jk}, e_{jk} \sim N(0, \sigma^2), j=1, 2, \cdots, J; k=1, 2, \cdots, K$$

とモデル化されるものである。

要因Aと要因Bそれぞれについての帰無仮説をH_{A0}, H_{B0}として、

$$H_{A0}: \alpha_1^* = \alpha_2^* = \cdots = \alpha_J^* = 0$$
$$H_{B0}: \beta_1^* = \beta_2^* = \cdots = \beta_K^* = 0$$

となる。

一元配置分散分析モデルの場合と同じくデータの分解で対応付ける。

$$\bar{y} = \frac{1}{J \times K} \sum_{j=1}^{J} \sum_{k=1}^{K} y_{jk}, \bar{y}_{j.} = \frac{1}{K} \sum_{k=1}^{K} y_{jk}, \bar{y}_{.k} = \frac{1}{J} \sum_{j=1}^{J} y_{jk}$$

とすると、

$$y_{jk} - \bar{y} = (\bar{y}_{j.} - \bar{y}) + (\bar{y}_{.k} - \bar{y}) + y_{jk} - (\bar{y}_{j.} + \bar{y}_{.k} - \bar{y})$$

となるので、最小2乗法を用いて効果を推定した場合には、

$$\hat{\alpha}_j^* = \bar{y}_{j.} - \bar{y}, \hat{\beta}_k^* = \bar{y}_{.k} - \bar{y}$$

として得られる。

この場合、モデルの自由度は「**要因Aの自由度＋要因Bの自由度**」である。各要因の自由度は水準数−1であるので、全体の自由度は、

行の水準数−1＋列の水準数−1＝(J−1)＋(K−1)

となる。

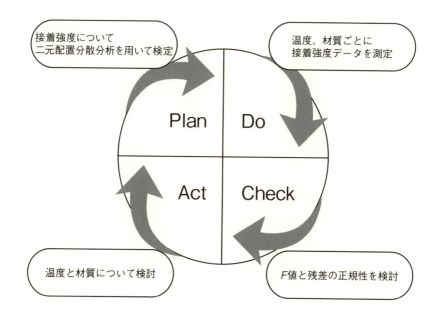

Plan

応答変数：接着強度（kg/cm^2）

要因：温度とテープ材質

水準：温度は3水準（180℃、200℃、220℃）、テープ材質は4水準（材質a、b、c、d）

繰り返し数：(温度、材質）の組ごとの繰り返し数は1

Do

データは表5.2.1となる。

表5.2.1 接着強度に関するデータ

温 度	材質a	材質b	材質c	材質d
180℃	396	403.6	395.3	392.3
200℃	413.4	414.1	412.1	404.2
220℃	398.9	399.5	388	386.7

Check

分散分析表を表5.2.2、水準の効果の表を表5.2.3に示す。

温度の効果の図を図5.2.1に、材質の効果の図を図5.2.2に示す。分散分析表から二元配置分散分析モデルが適合していると解釈でき、水準の効果の表のt値などを参考にすると、要因である温度の帰無仮説、材質の帰無仮説それぞれが棄却される。

表5.2.2 接着強度の分散分析表

要因	自由度	平方和	平均平方	F値
モデル	5	921.38083	184.276	21.1292
誤差	6	52.32833	8.721	p値(Prob>F)
全体（修正済み）	11	973.70917		0.0010

要因	パラメータ数	自由度	平方和	F値	p値(Prob>F)
温度	2	2	700.07167	40.1353	0.0003
テープ材質	3	3	221.30917	8.4585	0.0142

表 5.2.3 接着強度の効果

項	推定値	標準誤差	t値	p値(Prob>|t|)
切片	400.34167	0.852515	469.60	<.0001
温度（180 ℃）	−3.541667	1.205639	−2.94	0.0260
温度（200 ℃）	10.608333	1.205639	8.80	0.0001
テープ材質（a）	2.425	1.4766	1.64	0.1516
テープ材質（b）	5.3916667	1.4766	3.65	0.0107
テープ材質（c）	−1.875	1.4766	−1.27	0.2512

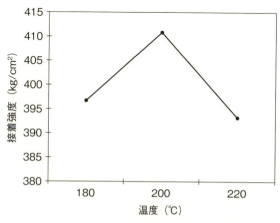

図 5.2.1　テープ接着強度での温度の効果

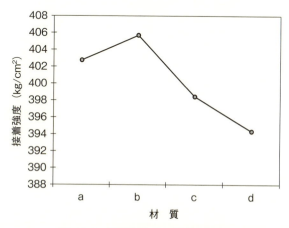

図 5.2.2　接着強度での材質の効果

予測値×残差の図を図 5.2.3 に、残差のヒストグラムを図 5.2.4 に示す。残差のヒストグラムから残差分散がすこし大きい傾向がありそうである。

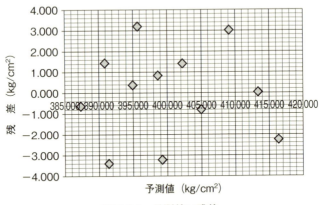

図 5.2.3　予測値×残差

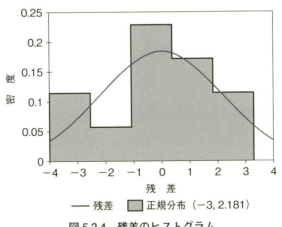

図 5.2.4　残差のヒストグラム

Act

効果の図などから、温度では 200 ℃、材質では材質 a または材質 b を採用することを提案する。

ケース5.2.2 コピー画像の転写性を決定する要因は何か

各要因からの水準の組(要因Aのある水準A_j、要因Bのある水準B_k)ごとに繰り返してデータを収集する場合には、組合せごとに何個かのデータが得られる。

組ごとに個数が異なる場合には扱いが難しいので、ここでは同じn個である場合について扱う。このように繰り返しがある場合には、要因Aと要因B間の**交互作用**について評価することができる。実験計画の結果を実際の場面で利用する場合には、交互作用がない方が制御しやすいのは言うまでもないが、繰り返しがある場合には、この交互作用について組合せ効果を調べることができる。

> 〈ワンポイント解説〉交互作用
>
> サラリーマンの年収について、業種と年代で説明することにしよう。初任給では、業種によらずほぼ同じくらいであろうが、年齢とともに業種間での開きが大きくなると考えられる。先のテープの接着強度についても、ある材質は特定の温度で強く反応することも考えられる。このような場合には**要因間に交互作用がある**という。

あるコピー製造会社では、新規コピー機を製造するにあたり、原画をコピーした時の画像の転写性を評価することになった。従来の製造から転写を決定する要因として2要因を挙げ、2回繰り返し実験を行った。

転写の要因:現像バイアス、トナー濃度
評価:指定した線画幅転写後の幅
2×2の配置を設定してデータを収集した。

これから、どのような要因が転写を決定しているか調べ、特に影響している要因について再設計を行いたい。

データは現像バイアスj、トナー濃度kとするとy_{jk}として水準の組(j, k)ごとに2個収集される。

繰返し数がnである場合の二元配置分散分析モデルは、2つの要因があり、

要因 A の効果を α_j^*, $j=1, 2, \cdots, J$ として要因 B の効果を β_k^*, $k=1, 2, \cdots, K$ として、要因 A の水準 A_j と要因 B の水準 B_k が同時に作用する交互作用を γ_{jk} として、

$$Y_{jk} = \mu + \alpha_j^* + \beta_k^* + \gamma_{jk} + e_{jk}, e_{jk} \sim N(0, \sigma^2), j=1, 2, \cdots, J; k=1, 2, \cdots, K$$

とするモデルである。

Plan

要因：トナー濃度と現像バイアス
水準：トナー濃度と現像バイアスともに 2 水準
繰り返し数：組ごとの繰り返し数は 2
として繰り返しありの二元配置分散分析モデルにより分析。

帰無仮説　H_{A0}：現像バイアスによる差はない。
帰無仮説　H_{B0}：トナー濃度による差はない。
帰無仮説　$H_{A0 \times B0}$：現像バイアス×トナー濃度による交互作用はない。

Do

データを収集して表 5.2.4 のようにまとめた。

表 5.2.4　二元配置分散分析モデル（繰り返しあり）

行　列	トナー濃度 P1	トナー濃度 P2
現像バイアス 01	55	86
	65	82
現像バイアス 02	37	65
	45	67

Check

交互作用ありの二元配置分散分析モデルを適用した。

分散分析表を**表5.2.5**のようにまとめた。また、水準の組での平均を**表5.2.6**としてまとめた。それぞれの要因ごとの平均の差はほぼ同じであり、それは交互作用のF値も1より小さいことからも確かめられる。

表5.2.5 分散分析表

変動要因	変動	自由度	分散	観測された分散比	P-値
行	684.5	1	684.5	29.76087	0.005487
列	1200.5	1	1200.5	52.195652	0.001947
交互作用	0.5	1	0.5	0.0217391	0.889917
繰り返し誤差	92	4	23		
合計	1977.5	7			

表5.2.6 平均表

平均	トナー濃度 $P1$	トナー濃度 $P2$
現像バイアス $O1$	60	84
現像バイアス $O2$	41	66

Act

交互作用項には有意な差がなく棄却されたので、トナー濃度と現像バイアスの改善を個別に行う。

要因数が3である**三元配置分散分析**では、実験では「要因Aの水準,要因Bの水準,要因Cの水準」の組でデザインし、この組でデータを収集する。この場合、交互作用としては、「要因Aの水準,要因Bの水準」、「要因Bの水準,要因Cの水準」、「要因Aの水準,要因Cの水準」が2要因間の交互作用としてあり、「要因Aの水準,要因Bの水準,要因Cの水準」となる3要

因間の交互作用も考えることになる。

このような点からは、実験を計画する場合には、以下の点を考慮する必要がある。

・できるだけ単純なモデルである主効果モデルを扱う。
・2 要因までの交互作用モデルで扱うことを試みる。
・要因数を少なくする。

5.3 直交配列表でデータを一部収集する

実際の問題では、要因数が 2 個や 3 個であることは稀である。このような場合には、どの要因が有効なのか、交互作用はあるのかないのかなどを探すことになる。また、要因数が多くなる（p とする）と、そのままでは少なくとも 2^p 程度回の実験を行う必要があり、現実的に実施困難な場面がある。このような場合には、**直交配列表**を用いてデータを一部だけ収集する（一部実験法）とよい。

例として、インクの粘度を規定する要因として、それぞれ 2 水準からなる 4 要因を制御因子として考えた。

　　A：シンナー量　　B：混合比
　　C：撹拌方法　　　D：撹拌時間

この場合、全ての組合せを考えると $2^4 (2 \times 2 \times 2 \times 2)$ 回の実験回数が必要であり、また、交互作用の有意性も事前にチェックする必要がある。

モデルとして主効果モデルを適合させるとすると直交配列表 L_8 を用いれば、実験回数も 8 回で済む（**表 5.3.1**）。これは、直交配列表を用いて各要因の各水準を割り付けると、異なる因子間の積和が 0 となることによる。

例えば、直交配列表を用いて、この表の任意の 4 本の列に A、B、C、D を割り付ける。1 列には A、2 列には B、3 列には C、7 列には D と割り付けると、実験を行う組数は 8 回で**表 5.3.2** のようになる。

要因が 3 水準からなる場合には直交配列表 $L_{27}(3^{13})$ などを用いる。

直交配列表としては 2 水準の場合や 3 水準の場合については公開されており、

表 5.3.1　直交配列表 $L_8(2^7)$

列	1列	2列	3列	4列	5列	6列	7列
1	1	1	1	1	1	1	1
2	1	1	1	2	2	2	2
3	1	2	2	1	1	2	2
4	1	2	2	2	2	1	1
5	2	1	2	1	2	1	2
6	2	1	2	2	1	2	1
7	2	2	1	1	2	2	1
8	2	2	1	2	1	1	2

表 5.3.2　4要因2水準での主効果モデルの場合の実験計画の例

列	A	B	C	D
1	1	1	1	1
2	1	1	1	2
3	1	2	2	2
4	1	2	2	1
5	2	1	2	2
6	2	1	2	1
7	2	2	1	1
8	2	2	1	2

活用できる。また、近年ではコンピュータプログラムの開発により、指定した要因数と水準数で割付を作成できたり、また、交絡がある場合でも、効果について分析できるようになってきている。

　直交配列表を用いる場合には以下のような点に注意する。

　・交互作用項を列に割り付ける場合には、それらの主効果の列と交絡していない列を選ぶ。

　・この直交配列表を用いる実験は一部実験であるので、要因間の交互作用項についても、どの交互作用を想定するかを事前に検討して実験計画を組む必要がある。

第6章

改善目標達成のために複合要因を扱う

　製造現場での目標を改善するためには、データをもとに、我々が制御できる要因の値を変えた場合に統計的に有意な変化を引き起こしたかどうかを判定して、改善要因を選択する。改善のために制御できるものが1つである場合についての手法については、その手順などを説明した。

　しかし、スマートフォンケースを製造する場合でも、男性向け女性向けだけで差別化して製造しても購入数は増加しないであろう。性別で分類するだけでなく、年代や使用場所なども念頭において製造する必要がある。このような、さまざまな要因を扱って改善を考える状況での手法について説明する。

ケース 6.1 改善目標の最大値を探る

　紙コプターの実験結果についてのチーム A 内の検討会で
「翼長を長くした方が良いのではないか。1 つの翼長のみでは効果が特定できないかもしれないので、候補として 100mm と 120mm はどうか。練習効果によるデータの変化もあるので、改めて、40mm、50mm、70mm もデータを収集しなおすことが必要ではないか」
などの指摘があった。

　そこで、図 6.1.1 の特性要因図を作成後、各翼長ごとに 10 個のデータを収集して表 6.1.1 のようにまとめた。また、基本的な統計量を求め、平均につい

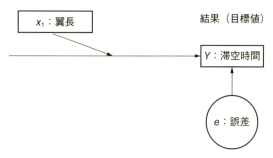

図 6.1.1　特性要因図

表 6.1.1　翼長ごとの滞空時間（秒）

40mm	50mm	70mm	100mm	120mm
1.42	1.69	1.66	1.59	1.34
1.48	1.50	1.74	2.07	1.37
1.60	1.56	1.70	2.73	1.41
1.48	1.50	1.75	1.95	1.37
1.45	1.67	1.78	2.61	1.52
1.44	1.53	1.77	1.97	1.32
1.76	1.46	1.70	2.33	1.38
1.55	1.68	1.93	1.78	1.48
1.49	1.59	1.84	2.16	1.20
1.40	1.66	1.88	2.19	1.32

表 6.1.2　統計量

統 計 量	40mm	50mm	70mm	100mm	120mm
平　　均	1.507	1.584	1.775	2.138	1.371
分散 ($n-1$)	0.011	0.007	0.007	0.123	0.008
標準偏差 ($n-1$)	0.107	0.086	0.085	0.351	0.089
標準誤差	0.034	0.027	0.027	0.111	0.028
平均の下限（95％信頼区間）	1.430	1.522	1.714	1.887	1.307
平均の上限（95％信頼区間）	1.584	1.646	1.836	2.389	1.435

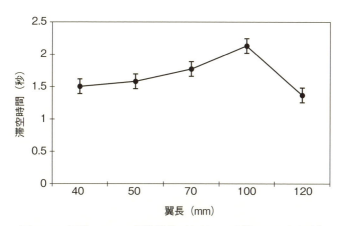

図 6.1.2　平均±1.96×標準誤差（ただし、分散は同じと仮定）

てのグラフを作成し**表 6.1.2** と**図 6.1.2** のようにまとめた。

　この場合には滞空時間を伸ばすことを考えているので、採用する翼長は水準として設定した以外の値、例えば 90mm でもよい。つまり、説明変数を量的データとして扱うことになる。このような場合に適用されるのが**回帰モデル**である。

　そこで、ベースとなる

　　滞空時間＝$a+b$×翼長

とした単回帰モデルを当てはめて、その結果得られる残差の傾向を探ることにした。

その結果、決定係数 $R^2=0.039$ が得られ、モデルの推定された係数は

$$滞空時間=1.764(\pm0.078)-0.02(\pm0.001)\times翼長$$

となった（括弧内は係数の標準誤差）。翼長が1mm長くなると滞空時間は0.002秒短くなることになる。決定係数からは滞空時間の変動の約3.9%が説明されている。また、

H_0：翼長では滞空時間を説明できない　$b=0$

とする帰無仮説を有意水準5%で検定するために、F値を調べると $F=6.080$ となったので帰無仮説は棄却される（**表6.1.3**）。

また、この翼長に関する回帰係数の95%信頼区間を求めると[-0.004, 0.000]となっていた（**表6.1.4**）。

表6.1.3　滞空時間 $=a+b\times$ 翼長とした場合の分散分析表

要因	自由度	平方和	平均平方	F	$Pr>F$
モデル	1	0.611	0.611	6.080	0.015
誤差	148	14.867	0.100		
修正済み合計	149	15.477			

表6.1.4　単回帰モデルの係数

ソース	数値	標準誤差	t	$Pr>\|t\|$	下限（95%）	上限（95%）
切片	1.764	0.078	22.611	<0.0001	1.609	1.918
翼長	-0.002	0.001	-2.466	0.015	-0.004	0.000

翼長100mmでの分散が他のものと違うことから、決定係数を用いて判断すると、提案したモデルでは滞空時間は説明できないことになる。これは、図6.1.2が示唆している100mmでの滞空時間の平均が高くなっていることと反する。

参考のために、翼長40mm、50mm、70mmの部分のみを用いて単回帰分析を行った結果は、

$R^2=0.616$，$F=45.008$

$$滞空時間=1.141(\pm0.074)+0.009(\pm0.001)\times翼長$$

となっており、100mm、120mmを含めた場合とは異なっている。

そこで、問題点を探るために予測値×標準化残差の図を作成した（**図6.1.3**）。

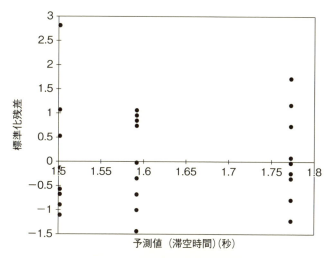

図 6.1.3 予測値×標準化残差

これらの結果をチーム内で検討の結果、

「翼長を 100mm くらいにすると滞空時間が長くなるのではないか」

「翼長 100mm での標準偏差が他の翼長の場合に比べて大きいのでは？」

ということからモデルを改善することになった。

そこで、ある翼長の値で滞空時間が長くなり、翼長がそれより短くても長くても滞空時間が短くなるモデルとして翼長の2乗項を用いて、

滞空時間＝b_0＋b_1×翼長＋b_2×翼長^2

なる回帰モデルを適用することにした。

このように説明変数が2個以上ある場合を**重回帰モデル**という。説明変数が複数あるので特性要因図の左側には2つの説明変数が描かれることになる。

ここで、誤差が正規分布に従うとしてモデルを式で表現すると

$$\hat{y} = \beta_0 + \beta_1 \times x_1 + \beta_2 \times x_2 + \cdots + \beta_p \times x_p$$

$$Y = \hat{y} + e, e \sim N(0, \sigma^2)$$

となる。これからデータからモデルのパラメータ（$\beta_0, \beta_1, \beta_2 \cdots, \beta_p, \sigma^2$）を求めることになる。

x_j が 1 単位増加すると、他の説明変数の値が変化しなければ $\hat{y}$ は β_j の大きさだけ変化する。β_j はその場合の増加の大きさを表すので、係数 ($\beta_0, \beta_1, \beta_2, \cdots, \beta_p$) を特に**偏回帰係数**と呼び区別する。

> 〈ワンポイント解説〉偏回帰係数
>
> 単回帰は、説明変数の個数が 1 つの場合であるが、重回帰分析では、複数の説明変数がある。ある変数 x と他の変数 y の間の線形な変化について考えると、x の値が変化すると y の値は変化すると考えられ、その大きさは相関係数と関係している。そこで重回帰分析では、他の説明変数の影響もあることを示すために、回帰係数を**偏回帰係数**と呼ぶ。係数が他の説明変数に影響されないのは、説明変数間の相関係数が 0 の場合という特定の場合のみである。

実際には x_j が変化すると他の x_k も変化するので、特定の偏回帰係数を取り出してその大きさのみで比較検討してはいけない。これと同じく、

帰無仮説 $H_0 : \beta_j = 0$

を検定するための統計量として

$$t = \frac{\text{ある説明変数の推定された係数}}{\text{その説明変数の推定された標準誤差}}$$

を用いて、t 値の絶対値が大きいほど帰無仮説は棄却されるとしているが、説明変数間の相関も考慮して検定の結果を解釈する必要がある。

説明変数としての翼長と翼長^2 を考えると、2 つの量的データ間には高い相

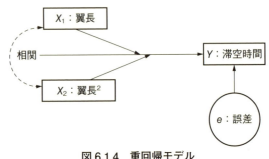

図 6.1.4　重回帰モデル

関があることが予想される。これらを踏まえると特性要因図は**図6.1.4**のように描くと誤解が少なくなると考えられる。このように想定している変数間での相関を考える場合には、通常の相関係数に加えて、**偏相関係数**をも求めておくとよい。

> 〈ワンポイント解説〉偏相関係数
>
> 3つの変数x、y、zについて変数xと変数yとの相関関係を考える。しかし、実は変数zがxにもyにも関係していると、変数xとyとの相関関係には、変数zによる相関関係も含まれる。そこで、この変数zからの相関関係を除いたもとでの変数xとyとの相関係数を**偏相関係数**と呼ぶ。回帰分析の残差間の相関係数として求められる。
>
> $y = a_y + b_y z$
>
> $x = a_x + b_x z$
>
> として回帰分析を行い、残差$e_y = y - \hat{y}, e_x = x - \hat{x}$を求める。この残差間の相関係数が偏相関係数で$r_{xy.z}$と表す。この原理からわかるように、変数として$z$のように1つのみしか考えない場合には、
>
> $$r_{xy.z} = \frac{r_{xy} - r_{xz} r_{yz}}{\sqrt{1 - r_{xz}^2}\sqrt{1 - r_{yz}^2}}$$
>
> として求めることができる。

説明変数と応答変数間の相関係数を求めると、**表6.1.5**のようになった。表6.1.5で翼長と翼長^{2}の相関係数$r = 0.992$であることから、説明変数間の**多重共線性**について検討する必要があり、この場合には特に求められた偏回帰係数の大きさや正負の符号などについて検討してはいけない。

表6.1.5　相関行列

変　数	翼　長（mm）	翼　長^2	滞空時間（秒）
翼　長	1	0.992	0.117
翼　長^2	0.992	1	0.032
滞空時間	0.117	0.032	1

〈ワンポイント解説〉 多重共線性

説明変数間で相関が高い場合には、決定係数は変わらないが、偏回帰係数が一意的に決まらない場合がある。この場合を**多重共線性**があるという。

例えば、説明変数が2個である重回帰分析を適用して以下のような回帰式が得られたとしよう。（ここでは、話を簡単にするために、説明変数としては2個しかなく、全ての変数は平均0、分散1となるように標準化されているとする。）

$$y = \frac{1}{2}x_1 + \frac{1}{2}x_2$$

する。

しかし、$r_{x_1 x_2} = 0.98$ とすると、

$$y = \frac{1}{2}x_1 + \frac{1}{2}x_2 \fallingdotseq \frac{1}{2}x_1 + \frac{1}{2}x_1 + 0x_2 \fallingdotseq \frac{3}{2}x_1 - \frac{1}{2}x_2$$

となっても決定係数はほとんど変わらないと考えられる。

このように、ある説明変数が他の説明変数の組で表されてしまうような場合には、多重共線性が発生する。

Plan

滞空時間を伸ばす翼長を決定する。

応答変数は滞空時間、説明変数は翼長と翼長^2。

モデルとしては重回帰モデルを用いて、

$$滞空時間 = b_0 + b_1 \times 翼長 + b_2 \times 翼長^2$$

とする。

Do

翼長 40mm、50mm、70mm、100mm、120mm について 10 回ずつ滞空時間

を計測した。**表 6.1.6** に基本統計量を示す。

表 6.1.6　重回帰分析のための基本統計量

統計量	翼 長（mm）	翼 長^2	滞空時間（秒）
平　均	76.000	6680.000	1.675
分散（n-1）	922.449	23891428.571	0.101
標準偏差（n-1）	30.372	4887.886	0.318

収集したデータにモデルを適合させた結果、**表 6.1.7** に示す分散分析表が得られた。決定係数 $R^2 = 0.457$ や**自由度調整済み決定係数** $R^{*2} = 0.436$ が得られた。

表 6.1.7　重回帰分析の結果

ソース	自由度	平方和	平均平方	F	Pr>F
モデル	2	2.262	1.131	19.782	<0.0001
誤　差	47	2.688	0.057		
修正済み合計	49	4.950			

> 〈ワンポイント解説〉自由度調整済み決定係数
>
> 　決定係数は2つの変動和の比で求められた。しかし、一般には説明変数の個数が多い方が決定係数の値は大きくなる。そこで、平方和ではなく、データの件数と説明変数の個数をもとに分散と残差分散を用いて、
>
> $$R^{*2} = 1 - \frac{S_e^2}{S_y^2}$$
>
> により、どの程度説明されているかを示す指標が自由度調整済み決定係数である。定義から、この値は負になることもある。

偏回帰係数などを**表 6.1.8** に示す。これから

表 6.1.8　重回帰分析の係数など

ソース	係数	標準誤差	t	$Pr>|t|$	下限(95%)	上限(95%)
切片	−0.288	0.315	−0.911	0.367	−0.922	0.347
翼長	0.056	0.009	6.283	<0.0001	0.038	0.074
翼長^2	−0.000343	0.000055	−6.194	<0.0001	0.000	0.000

滞空時間

$= -0.288(\pm 0.315) + 0.056(\pm 0.009) \times$ 翼長 $-0.00034(\pm 0.00006) \times$ 翼長^2

が得られた。また、予測値 × 滞空時間の図を図 6.1.5 に示す。翼長 ＝100mm での残差が大きい。

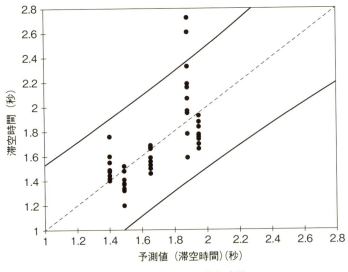

図 6.1.5　予測値×滞空時間

Act

回帰式の結果から、最適な翼長として翼長＝82.35mm 程度が最適であると結果が得られたので、この翼長として 80mm を提案する。

第6章 改善目標達成のために複合要因を扱う

　二元配置分散分析モデルで収集したデータも重回帰分析を用いて分析することができる。

　テープの接着強度データは、要因として温度（180℃, 200℃, 220℃）と材質（a, b, c, d）として（温度のある水準、材質のある水準）でテープの接着強度の値を測り、分析モデルとしては、

**　接着強度＝温度の水準の効果＋材質のある水準の効果**

としているが、温度の水準と材質の水準を値が1または0である変数を**表6.1.9**のように変換して表現すると、

　接着強度$=b_0+b_{11}\times x_{11}+b_{12}\times x_{12}+b_{21}\times x_{21}+b_{22}\times x_{22}+b_{23}\times x_{23}$

となり、重回帰分析の枠組みで推定することができる。このような変数変換を行って行う分析を**ダミー変数を用いた**分析と呼ぶ。

　この場合、

$$n\bar{y}=\sum_{k=1}^{K}n_{.k}\bar{y}_{.k}=\sum_{j=1}^{J}n_{j.}\bar{y}_{j.}$$

となるので、各要因の1つの水準については値を0として、他の水準の値は、その効果からの偏差として求められる。

表6.1.9　要因のダミー変数表現

要因	水準	x_{11}	x_{12}	x_{13}	行和
温度	180℃	1	0	0	1
	200℃	0	1	0	1
	220℃	0	0	1	1

要因	水準	x_{21}	x_{22}	x_{23}	x_{24}	行和
材質	a	1	0	0	0	1
	b	0	1	0	0	1
	c	0	0	1	0	1
	d	0	0	0	1	1

ケース 6.2　改善するために量的データと質的データを制御する

　ボールペン製作において、1人で2工程全てを行うのでなく、2人でそれぞれ工程1と工程2を流れ作業で行った方が、工程1と工程2を同時に処理できるので作成時間が短縮できるのではないかとの意見が出された。工程1と工程2の作業時間が異なるので、作業に待ちが発生するのでないかとの意見が出されたので試みに行ってみることにした。

　改善目標は、完成時間（秒）を工程1での時間または工程2の時間のどちらの時間を基準にした方が予測できるかどうかである。しかし、工程1の作業者と工程2の作業者が異なるために作業者を要因として考慮する必要がある。

　応答変数：ボールペン完成時間（＝工程1の時間＋工程2の時間）
　説明変数：工程1の時間
　　　　　　工程2の時間
　　　　　　作業者1が工程1を担当したかどうか

　ただし、工程2の作業者が工程1の作業が終了せずに待った場合は、待ち時間を工程1の時間に加算した。

Plan

特性要因図を作成すると図6.2.1のようになる。
この場合には、

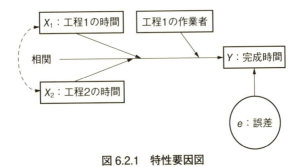

図 6.2.1　特性要因図

モデル1：完成時間＝b_0＋b_1×工程1の時間＋b_2×工程1作業者
モデル2：完成時間＝b_0＋b_1×工程2の時間＋b_2×工程1作業者
のどちらがより妥当であるかを検討することになる。

データを工程の作業者を替えて収集した結果、表6.2.1のようにまとめられた。ここで作業者が質的データであるので、ダミー変数を用いて再度データ行列を作成した（表6.2.2）。

表6.2.1　ボールペン製作のデータ

本数	Aさんが工程1	Bさんが工程2	完成時間(秒)	Bさんが工程1	Aさんが工程2	完成時間(秒)
1本	4.9	4.1	9.0	4.7	4.3	9.0
2本	5.2	4.4	9.6	4.8	4.7	9.5
3本	5.1	4.2	9.3	5.1	4.6	9.7
4本	5.0	4.0	9.0	4.9	4.8	9.7
5本	5.4	4.2	9.6	5.0	4.7	9.7
6本	5.3	4.3	9.6	5.2	4.5	9.7
7本	5.1	4.2	9.3	4.8	4.5	9.3
8本	5.2	4.3	9.5	5.0	4.8	9.8
9本	5.4	4.4	9.8	5.2	5.1	10.3
10本	5.3	4.6	9.9	5.6	4.5	10.1

モデル1とモデル2それぞれでの相関行列を表6.2.3と表6.2.4に示す。完成時間と工程時間間の相関では、工程2の時間のほうが工程1の時間間より高いが、工程1の作業者と工程時間間の相関ではモデル1の方が低いことから検討が必要である。

決定係数などをまとめた表を表6.2.5に示す。この表からはモデル1（完成

表6.2.2 変換したデータ行列

工程1	工程2	工程1作業者	完成時間（秒）
4.9	4.1	A	9.0
5.2	4.4	A	9.6
5.1	4.2	A	9.3
5.0	4.0	A	9.0
5.4	4.2	A	9.6
5.3	4.3	A	9.6
5.1	4.2	A	9.3
5.2	4.3	A	9.5
5.4	4.4	A	9.8
5.3	4.6	A	9.9
4.7	4.3	B	9.0
4.8	4.7	B	9.5
5.1	4.6	B	9.7
4.9	4.8	B	9.7
5.0	4.7	B	9.7
5.2	4.5	B	9.7
4.8	4.5	B	9.3
5.0	4.8	B	9.8
5.2	5.1	B	10.3
5.6	4.5	B	10.1

表6.2.3 モデル1の場合の相関行列

変　数	工程1	工程1作業者A	工程1作業者B	完成時間(秒)
工程1	1.000	0.358	−0.358	0.618
工程1作業者A	0.358	1.000	−1.000	−0.324
工程1作業者B	−0.358	−1.000	1.000	0.324
完成時間（秒）	0.618	−0.324	0.324	1.000

表6.2.4 モデル2の場合の相関行列

変　数	工程2	工程1作業者A	工程1作業者B	完成時間(秒)
工程2	1.000	−0.711	0.711	0.753
工程1作業者A	−0.711	1.000	−1.000	−0.324
工程1作業者B	0.711	−1.000	1.000	0.324
完成時間（秒）	0.753	−0.324	0.324	1.000

表 6.2.5 決定係数など

モデル	決定係数	自由度調整済み決定係数	F値	Pr>F
モデル1：工程1＋作業者	0.723	0.690	22.136	<0.0001
モデル2：工程2＋作業者	0.658	0.618	16.361	0.000

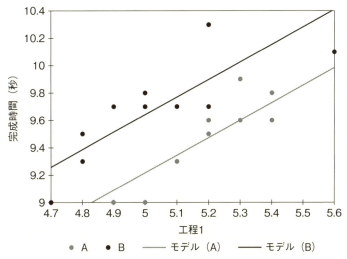

図 6.2.2　モデル1での工程×完成時間（直線は作業者ごとの値）

時間を工程1の時間と作業者で説明するモデル1の方が良さそうであるが、残差などを検討しないと判定できない。

そこで、予測値×残差の図をモデル1とモデル2で比較する（**図6.2.2**、**図6.2.3**）。図6.2.3では右上の点により回帰直線が決まっている可能性もあるが、その他は大きく外れていない。この2つの図では、モデル1の方が作業者により説明されている部分が大きい。これは、作業者をどのように配置するかまでを規定してしまうので望ましくない。また、モデル1では、右に位置している作業時間により回帰直線が決定されている可能性もある。

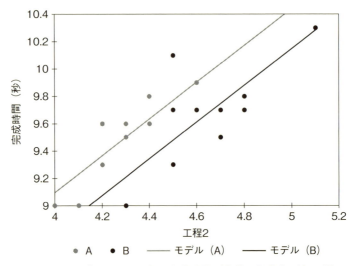

図 6.2.3 モデル 2 での工程×完成時間（直線は作業者ごとの値）

これらから、モデル 2 を採用する。モデル 2 の分散分析表を**表 6.2.6** に、係数などを**表 6.2.7** に示す。

表 6.2.6 モデル 2 の分散分析表

ソース	自由度	平方和	平均平方	F	Pr>F
モデル	2	1.515	0.757	16.361	0.000
誤　差	17	0.787	0.046		
修正済み合計	19	2.302			

表 6.2.7 モデル 1 の偏回帰係数など

ソース	推定値	標準誤差	t	Pr>|t|	下限(95%)	上限(95%)
切片	3.436	1.193	2.881	0.010	0.920	5.952
工程 2	1.343	0.256	5.244	<0.0001	0.802	1.883
工程 1 の作業者 A	0.290	0.137	2.121	0.049	0.002	0.579
工程 1 の作業者 B	0.000	0.000				

工程 2 を用いるモデルを採用したが、作業の待ち時間を工程 1 の作業時間と

して組み込んで判定したので偏っている。待ち時間を最小にする作業手順や半完成品の置き方などの効率化について検討する必要がある。また、全工程を1人で行った場合との比較も必要である。

ケース 6.3　改善目標が成功か失敗か

改善目標である応答変数が量的データである場合には、分散分析法や重回帰分析法を適用できる。また、応答変数と説明変数の対応が線形でない場合には適当な関数を当てはめて分析することも可能である。

例えば、訓練時間 x が長くなると、製造でのミス率 $p(x)$ が減少するような

表 6.3.1　訓練時間とミス数

訓練時間 (h)	ミス数	訓練時間 (h)	ミス数	訓練時間 (h)	ミス数
1	19	11	12	21	4
2	18	12	9	22	2
3	18	13	10	23	3
4	18	14	7	24	2
5	17	15	8	25	4
6	18	16	6	26	2
7	17	17	5	27	1
8	14	18	4	28	2
9	15	19	5	29	0
10	10	20	4	30	1

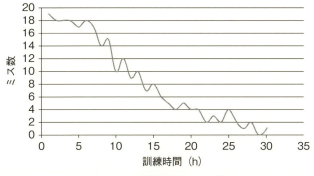

図 6.3.1　訓練時間とミス数

場合がある。この場合、訓練時間が短いとミス率が高く、訓練時間が長いとミス率は小さくなるが、訓練時間が非常に長くなっても、ミス率は 0 にならない。(**表** 6.3.1、**図** 6.3.1)。このようなデータについて、適切な訓練時間を設定したい。

そこで、ミス数は計数ではあるが非線形関数である

$$\text{ミス数} = e^{a+b \times \text{訓練時間}}$$

として指数関数を当てはめてみると、**図** 6.3.2 が得られた。これから訓練時間としては 10 時間程度で打ち切るのが効率的であることがわかる。

また、

$$\text{ミス数} = \frac{e^{a+b \times \text{訓練時間}}}{1+e^{a+b \times \text{訓練時間}}} \times K$$

となるロジスティック関数を当てはめてみると、**図** 6.3.3 が得られる。これからは、訓練時間 12 時間程度とすることが適切であることが読み取れる。

このモデルをプラスチック成形などの結果が成形できたか、または失敗したか、日本酒を飲んで美味しいか美味しくないかなどのように、1 または 0 で表現できる場合に適用することを考える。線形モデルを当てはめた場合には予測値が想定した範囲内に収まらないなどの不適切な適用になる。このような場合に適用できるのが**ロジスティック回帰モデル**である。

結果系が成功 ($Y=1$) または失敗 ($Y=0$) の 2 値である場合について考える。

この場合の確率モデルとして、$y=0, 1$ とすると

$$Pr(Y=y) = p^y(1-p)^{1-y}$$

なるモデルがある。この p の値が説明変数 x の値で変わる。

特に x の値が大きくなると、$p(x)$ の値が 1 に近づく(0 に近づく)とするモデルを考えてみると、

$$Pr(Y=y|X=x) = p(x)^y \{1-p(x)\}^{1-y}$$

となり、$p(x)$ の関数としてロジスティック関数

$$p(x) = \frac{1}{1+e^{-(a+b \times x)}}$$

第6章　改善目標達成のために複合要因を扱う

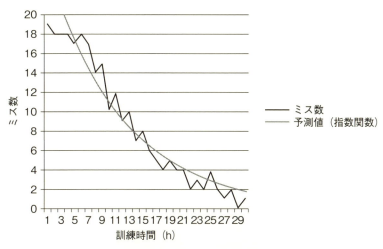

図6.3.2　ミス数＝Exp($a+b×$訓練時間)の当てはめ

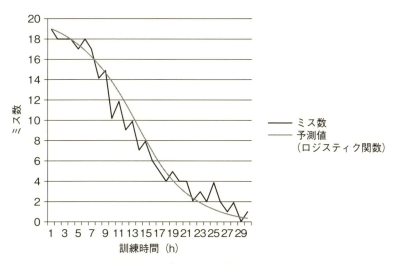

図6.3.3　ロジスティック関数の当てはめ

$$1-p(x)=\frac{e^{-(a+b\times x)}}{1+e^{-(a+b\times x)}}$$

を用いてみる。

この関数を採用すると成功率／失敗率を表現する**オッズ比**は

$$\text{オッズ比} = \frac{p(x)}{1-p(x)} = e^{(a+b\times x)}$$

となる。

対数を取ると、

$$\log\frac{p(x)}{1-p(x)} = a + b \times x$$

となり、右辺は (a, b) について線形になっているので扱いやすくなる。

従来のロジスティク回帰分析では、このような対数変換をした簡便法が用いられたが、誤差の扱いなどの不適切な部分があるので、現在は非線形のもとで係数を求める最適化を行って (a, b) が求められる。

非線形モデルは線形モデルに比べて扱いにくい点がある。次の例でその違いを見てみよう。

ある日本酒酒造メーカーでは新規の日本酒の生産を計画している。そこで、どのような日本酒が美味しいかどうかについて調べた。このデータをもとに最適な要因を決定したい。

Plan

応答変数：試飲した日本酒への評価
　　　　　美味しい＝1、美味しくない＝0
説明変数：アルコール度、日本酒度、酸度
ロジスティク回帰モデル

$$P(Y=1) = \frac{1}{1+e^{-(b_0+b_1\times\text{アルコール度}+b_2\times\text{日本酒度}+b_3\times\text{酸度})}}$$

を仮定する。

第6章 改善目標達成のために複合要因を扱う

20本の日本酒を試飲した例を**表6.3.2**に示す。

表6.3.2　日本酒の美味しさ

アルコール度	日本酒度	酸度	美味しさ分類	アルコール度	日本酒度	酸度	美味しさ分類
15.4	−0.5	1.4	0	14.5	6	1.2	0
15.3	1.5	1.5	1	14.9	−2	1.7	0
17.4	1	1.7	0	13.9	4.5	1.7	1
15.9	3	1.5	1	14.8	1	1.8	0
15.5	−0.5	1.3	0	15.5	2	1.6	1
16.8	3	1.4	0	15.5	5	1.4	1
17.2	5	1.6	1	15.3	2	1.3	0
17.4	5	1.5	1	15.5	1	1.4	0
15.5	8.5	1.2	1	14.7	0	2.1	1
15.8	5	1.4	0	18.5	3	1.2	0

美味しさについて集計すると**表6.3.3**のようになった。これから半分くらいの日本酒が美味しいと評価されていたことがわかった。説明変数間の相関係数を求めると**表6.3.4**のようになった。これから、説明変数間の相関係数はあまり大きくないと解釈できる。

モデル全体の適合度を**表6.3.5**に示す。

表6.3.3　美味しさの評価

変　数	カテゴリ	度　数	％
美味しさ分類	0	11	55.000
	1	9	45.000

表6.3.4　説明変数間の相関行列

変　数	アルコール度	日本酒度	酸　度
アルコール度	1.000	0.140	−0.255
日本酒度	0.140	1.000	−0.435
酸度	−0.255	−0.435	1.000

表 6.3.5　モデルの適合度

統計値	説明変数なし	すべてを選択
自由度	19	16
−2 Log（尤度）	27.526	16.340
AIC	29.526	24.340

モデルが非線形モデルであるために従来の決定係数などを用いてモデルを選択できない。誤差分布の想定が適切な場合には**対数尤度**（対数尤度が大きい方がモデルが適合している）や **AIC**（Akaike's Information Criterion：モデルの相対的な評価値で、小さい方がよりモデルが適合している）でモデルを選択する。

〈ワンポイント解説〉尤度法と AIC

誤差が正規分布 $N(a+b\times x, \sigma^2)$ に従っているとする。この値を $f(X|(a, b, \sigma^2))$ と表記すると、n 個の独立な標本の同時分布の尤度は $L(X)=\Pi_{i=1}^{n} f(X|(a, b, \sigma^2))$ となる。そこで、データをもとにして、逆に $L(X)$ を最大とする (a, b, σ^2) を求める方法を**尤度法**という。対数を取った $ln(L(X))$ 最大化でも (a, b, σ^2) として同じ値になる。これを**対数尤度法**ともいう。

この方針を採用した場合に、データに対して候補とした複数のモデルの中から相対的に優れているモデルを選択するための基準の一つとして **AIC** がある。このモデル選択規準は、モデルでの推定されるパラメータ数を p とすると、

$$AIC = -2ln(L(X)) + 2p$$

とするもので、値が小さい方がデータにより適合したモデルとして選択される。

表 6.3.6 に帰無仮説の検定結果を示す。これから帰無仮説は棄却される。これらを踏まえて、係数などを**表 6.3.7** に示す。

推定された係数に関する χ^2 値やオッズ比から、日本酒度と酸度が美味しさを説明する有効な説明変数であると考えられる。

実際の美味しさとモデルから予測された美味しさの分類表を**表 6.3.8** に示す。この分類表は、モデルを作成したデータに対しての再分類表であるので偏りが

表 6.3.6 帰無仮説 P（Y＝0.45）の検定

統計値	自由度	χ^2	$Pr>\chi^2$
－2 Log（尤度）	3	11.186	0.011
得点	3	8.846	0.031
Wald	3	5.074	0.166

表 6.3.7 回帰係数など

ソース	数値	標準誤差	Wald・χ^2	Pr>χ^2	Wald 下限（95％）	Wald 上限（95％）	オッズ比	オッズ比下限（95％）	オッズ比上限（95％）
切片	－15.052	12.547	1.439	0.230	－39.644	9.541			
アルコール度	－0.084	0.614	0.019	0.892	－1.287	1.119	0.920	0.276	3.063
日本酒度	0.888	0.409	4.726	0.030	0.087	1.689	2.431	1.091	5.416
酸度	9.014	4.575	3.883	0.049	0.048	17.981	8220.721	1.049	64405072.381

表 6.3.8 美味しさの予測値の分類表

実際＼予測	美味しくない	美味しい	合　計	正解（％）
美味しくない	9	2	11	81.82
美味しい	3	6	9	66.67
合計	12	8	20	75.00

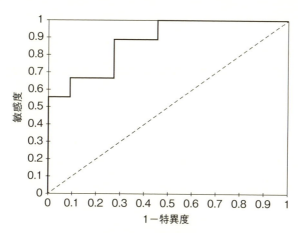

図 6.3.4　ROC 曲線

あると考えられるが、モデルはある程度は説明していることが示唆される。

　ROC（受信者操作特性）曲線を図 6.3.4 に示す。ここで曲線下の面積を示す AUC＝0.879 であるので、このモデルは美味しさを説明していると確認できる。

> **〈ワンポイント解説〉ROC**
>
> 　レーダー技術で雑音の中から敵機の存在を検出するための方法として開発されたものである。医療の臨床検査などで用いられることが多いが、製造現場やマーケティングなどでも活用されている。
>
> 　今、検査対象者を陽性者と陰性者に分類するための検査を開発することを考える。その検査の精度を、敏感度（陽性者を正しく陽性として捕捉する率）と1−特異度（＝陰性者の内で偽陽性になる率）を用いて作成した曲線である。検査の有効性を$y=x$の直線からの乖離（上にあるほど有効な検査と考えられる）で評価する。

Act

分析結果からアルコール度は美味しさを決める要因としてはあまり重要でないので、日本酒度と酸度をコントロールした日本酒の開発を考えることにした。

　このように応答変数の型と説明変数の型に対応したモデルを用いることで改善を達成できる。具体的なモデルとしては以下のようになる（表6.3.9）。

表6.3.9　モデルの分類

	説明変数が量的データ	説明変数が質的データ
応答変数が量的データ	回帰分析	分散分析
応答変数が質的データ	ロジスティック回帰分析 ポアソン回帰分析	

第7章

需要予測をもとに改善や新製品の開発を行う

　売上高や利益を大きくすることは企業としては重要な改善目標である。そのために既存の製品の改善を行う場合には、日々の改善を行いながらも、より長い時間間隔での改善をも計画する必要がある。現在までの需要から将来の需要を予測し、それにより生産規模を考えるとか、新製品の開発に着手するなどの対応策の検討も含まれる。

　また、新製品の開発を行う場合には新たなリソースを用いることもでき特徴を出しやすい。全ての要因を最適化することよりも、特定の要因について最適化を図ることで他の製品とは異なる特徴を出すことができる。

ケース 7.1 ビールの売上を予測する

あるビール会社では、過去の売上数をもとに、定番以外の健康志向ビールという新製品の開発や生産計画を検討している。ビールは本来は嗜好品に含まれるものであるが、「＊＊プレミアム」のような、より特徴づけられた嗜好品系も発売されている。

ここでは以下の種類のビールの売上数について検討する。

　　定番：定番的なビールで、この会社の主力商品
　　定番 Prem：嗜好品系ビールで、定番の派生系としての商品
　　ノンアルコール：ノンアルコールビール
　　健康志向：健康に考慮したビール

月次データ（売上数）を 2010 年 1 月から 2014 年 12 月まで収集した。分析に利用できる項目は「年」、「月」、「種類ごとの販売数」である。また、気温も関係すると考えられたので、東京での月次平均気温も収集した（**表 7.1.1**）。

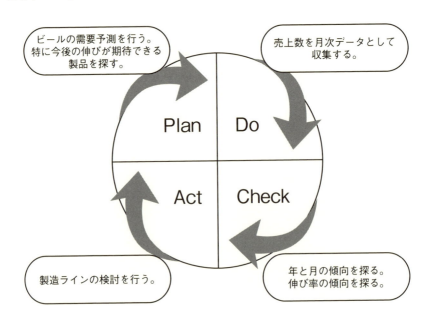

第 7 章 需要予測をもとに改善や新製品の開発を行う

表 7.1.1 ビール売上数 (1)

年	月	平均気温(東京)	合計	定番	定番 Prem	ノンアルコール	健康志向
2010	1	7	13	9	0	2	2
2010	2	6.5	19	13	0	3	3
2010	3	9.1	23	17	0	3	3
2010	4	12.4	26	19	0	4	3
2010	5	19	23	17	0	3	3
2010	6	23.6	31	22	0	5	4
2010	7	28	34	26	0	4	4
2010	8	29.6	30	23	0	4	3
2010	9	25.1	25	18	0	4	3
2010	10	18.9	22	16	0	3	3
2010	11	13.5	24	17	0	4	3
2010	12	9.9	38	29	0	5	4
2011	1	5.1	14	10	0	2	2
2011	2	7	19	13	0	3	3
2011	3	8.1	23	16	0	4	3
2011	4	14.5	26	19	0	4	3
2011	5	18.5	23	15	0	4	4
2011	6	22.8	29	20	0	5	4
2011	7	27.3	35	26	0	5	4
2011	8	27.5	30	23	0	4	3
2011	9	25.1	24	17	0	4	3
2011	10	19.5	23	16	0	4	3
2011	11	14.9	24	17	0	4	3
2011	12	7.5	37	28	0	5	4
2012	1	4.8	14	10	0	2	2
2012	2	5.4	19	12	0	4	3
2012	3	8.8	23	16	0	4	3
2012	4	14.5	25	17	1	4	3
2012	5	19.6	24	16	1	4	3
2012	6	21.4	28	19	1	4	4
2012	7	26.4	32	23	1	4	4
2012	8	29.1	32	23	1	4	4
2012	9	26.2	23	16	0	4	3
2012	10	19.4	23	16	0	4	3
2012	11	12.7	24	17	0	4	3
2012	12	7.3	35	26	0	5	4
2013	1	5.5	14	10	0	2	2
2013	2	6.2	18	12	0	3	3
2013	3	12.1	27	16	2	6	3
2013	4	15.2	26	17	1	5	3
2013	5	19.8	26	17	1	5	3

表 7.1.1　ビール売上数 (2)

年	月	平均気温(東京)	合計	定番	定番 Prem	ノンアルコール	健康志向
2013	6	22.9	30	19	2	5	4
2013	7	27.3	36	24	2	6	4
2013	8	29.2	32	22	1	5	4
2013	9	25.2	24	15	1	5	3
2013	10	19.8	25	16	1	5	3
2013	11	13.5	25	16	1	5	3
2013	12	8.3	38	26	2	6	4
2014	1	6.3	16	10	1	3	2
2014	2	5.9	22	12	3	4	3
2014	3	10.4	31	19	2	6	4
2014	4	15	21	14	1	4	2
2014	5	20.3	27	16	2	6	3
2014	6	23.4	28	18	2	5	3
2014	7	26.8	34	22	3	5	4
2014	8	27.7	30	20	2	5	3
2014	9	23.2	23	15	1	4	3
2014	10	19.1	25	16	1	5	3
2014	11	14.2	25	15	2	5	3
2014	12	6.7	39	26	3	6	4

Plan

売上数の変化がどのようになっているかを把握して、次年度の計画を策定する。

売上数を年と月で説明するモデルと気温で説明するモデルに当てはめる。この場合、気温は他の要因により決まると考えられるので特性要因図は**図 7.1.1**のようになる。

伸び率については指数化して検討する。

ビールの価格は月ごとにはあまり変化しないので、一定期間価格が変化しないとして弾力性分析を行った。そのために、年ごとの合計を求め、その対数を求めた(**表 7.1.2**)。対数変換した値は5つの値しかないが、ほぼ同じ値であるので弾力性は1に近いと考えられる。

売上数を年と月で説明するモデル

第7章 需要予測をもとに改善や新製品の開発を行う

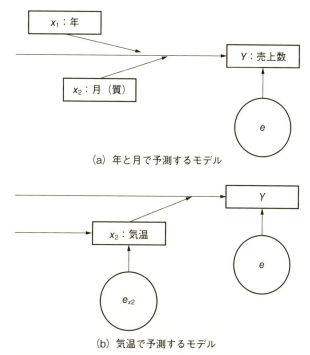

(a) 年と月で予測するモデル

(b) 気温で予測するモデル

図7.1.1 ビール売上数を予測するモデルの特性要因図

表7.1.2 年内の売上数の合計とその対数

年	合　計	対数変換
2010	308	2.488550717
2011	307	2.487138375
2012	302	2.480006943
2013	321	2.506505032
2014	321	2.506505032

ある年月の売上数＝$b_0+b_1×$1月を表すダミー変数＋…

$+b_{12}×$12月を表すダミー変数$+b_{13}×$年

と、売上数を気温で説明するモデル

ある年月の売上数＝$b_0+b_1×$気温

の2つを想定する。

データとして 2010 年 1 月から 2014 年 12 月までの月次売上数データを 5 年分計 60 個収集した。基本的な変化の傾向を捉えるために、対象とした 4 分類の売上数合計を計算しグラフ化を行った（図 7.1.2）。

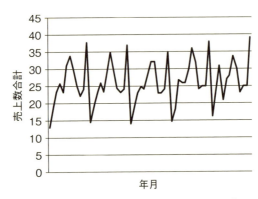

図 7.1.2　ビール売上数合計の推移

このグラフより次のような傾向が見られる。

① 全体的に売上数が増加傾向のように見えるが、年内の売上数合計はほぼ同じことから、変化の幅が小さくなっているのでないかと解釈される。

② 12 カ月ごとに同じような売上数が見られる。

この周期的な傾向を確認するために対前年同月比

$$z_t = \frac{y_t}{y_{t-12}} \times 100$$

のグラフも作成した（図 7.1.3）。このビール売上数合計の対前年比グラフでは 3 カ月を除くほぼ 100 % 近くにあるので、12 カ月ごとに同じくらいの売上数があることが考えられる。

また、東京の平均気温×売上数の散布図を作成した（図 7.1.4）。この散布図から、左上に位置するいくつかの月を除いては、気温の上昇に対して売上数が増加している傾向があることが読み取れる。

第 7 章　需要予測をもとに改善や新製品の開発を行う

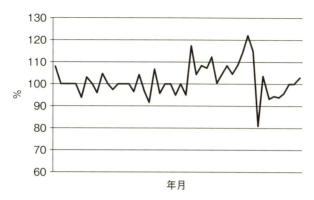

図 7.1.3　ビール売上数合計の対前年比

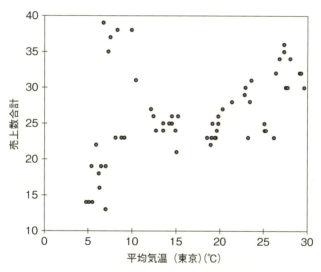

図 7.1.4　平均気温と売上数合計の散布図

「定番」、「定番 Prem」、「ノンアルコール」、「健康志向」と 4 つに分類したビールの傾向を探るために、各ビールの分類について 2013 年 12 月の売上数が 100 となるように指数化を行った（**図 7.1.5**）。本来は 2010 年 12 月などの基準年を用いるが、定番 Prem の売上数が 0 であったので便宜的に 2013 年とした。

これから次のことが読み取れる。

147

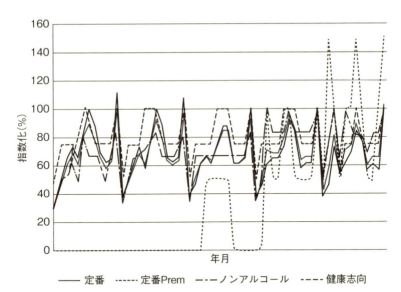

図7.1.5　指数化したデータのグラフ（2013年12月の売上数を100とした）

・全体的に指数が100を超えている月は少ない（つまり、12月の売上数が比較的多い）。
・4つの分類がそれぞれ異なる動きをしている。
・定番の売上数とノンアルコールの売上数の傾向は同じである。
・定番Premはデータ件数が少ないので解釈には注意しなければならないが、2013年と2014年で急激に伸びている。
・健康志向は指数が100に近い月が持続しているが2014年になると定番と同じような傾向になっている。

Check

4つの分類ごとにモデルを当てはめた。応答変数としては、係数の単位を同じにする点から指数化したデータを用いた。

売上数を年と月で説明するモデルに当てはめた場合のビール分類後の結果を

表7.1.3に示す。

表7.1.3 売上数指数を年と月で説明した結果

ビール分類	R^2	自由度修正済み R^2	AIC	F	年のt値
定番	0.963	0.954	175.579	103.073	−5.003
定番Prem	0.712	0.638	408.126	9.680	10.036
ノンアルコール	0.772	0.714	276.149	13.260	6.363
健康志向	0.798	0.746	255.044	15.457	−0.599

この結果から以下のことが読み取れる。

・定番は、月の効果が大きいことが予想され、年の偏回帰係数は負である。

・定番Premは、年の効果が大きいが、これは2013年と2014年での販売数の急激な変化と考えられる。

・ノンアルコールは、年の効果の大きさという点では定番と同様であるが、係数は正の値であるので2010年に比べ2014年の方が増加傾向にある。

・健康志向は、年の効果の帰無仮説は受容されるが決定係数などはアルコールと同様なので月の効果に特徴があるのでないかと考えられる。

4つの分類についての月ごとの平均推移グラフを図7.1.6にまとめた。これから次のことが読み取れる。

・月別の指数では、定番は7月の売上数と12月の売上数が高く、そのパ

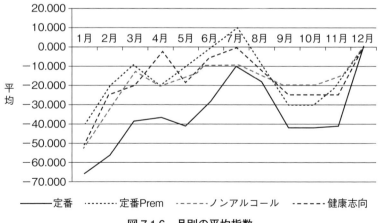

図7.1.6 月別の平均指数

ターンは他のビールとは異なる。
・定番 Prem は特に 7 月に伸びている。
・ノンアルコールは、パターンとしては定番と同じような月別の傾向であるが、12 月以外の月も指数としては大きい。
・健康志向は、他のビールに比べると月別での差はあまりない。

気温と売上数合計の散布図から左上に位置している 12 月売上数については顕著に異なっているので、ダミー変数（12 月のデータならば 1、そうでなければ 0）を追加して、

ある年月の売上数＝b_0＋b_1×気温＋b_2×12 月ダミー変数

としてモデルを当てはめた。その結果を表 7.1.4 に示す。

表 7.1.4　売上指数を気温と月が 12 月かどうかで説明した結果

ビール分類	R^2	自由度修正済み R^2	AIC	F	定数	平均気温の偏回帰係数	12月の偏回帰係数
定番	0.761	0.752	268.256	90.538	37.855	1.577	53.472
定番 Prem	0.035	0.001	460.690	1.020	17.168	0.943	25.343
ノンアルコール	0.338	0.315	320.074	14.568	50.583	1.060	31.000
健康志向	0.464	0.446	293.499	24.716	58.861	1.107	32.353

この結果からは定番以外は気温ではあまり予測できていない。これは特に、2013 年以前と以後では売上指数に変化があったが、気温の方にはそのような変化がみられないことによると考えられる。

Act

どのようなモデルを採用するかという観点から、モデルの相対的な比較が可能な AIC を用いて需要予測を行うことにした。その結果、定番ビールと健康志向ビールを年と月で予測するモデルを採用して、2015 年の需要を予測することにした。需要予測する場合に気温を用いたモデルでは、気温の予測も必要となり、その誤差の除去なども考える必要がある。

定番ビールは指数的な変化では 100 を超えているのは少ないが、売上数とし

ては他のビールの4〜5倍あるので、定常的に傾向を探ることにした。また、定番 Prem ビールの売上指数パターンは定番のパターンとは異なりそうであるので、今後ともデータ収集を行うことにした。健康志向ビールはあまり月の差がなさそうであるので、定常的に消費者にアピールすることにした。

> 〈ワンポイント解説〉時系列分析
>
> 時系列データには周期的変動が含まれる。例えば、
>
> データ Y_t ＝傾向変動 T_t ＋循環変動 C_t ＋季節変動 S_t ＋誤差変動 I_t
>
> として分解することが多い。しかし、S 時点後の予測誤差は $\sqrt{S}$ に比例するので、長い時点の予測は難しい。
>
> 傾向を捉えるためには、移動平均法や指数平滑化法が用いられる。

ケース 7.2　新規開店の料理店の「売り」を探す

　新規製品を市場に提供する場合に、どのような要因が求められているかを市場調査することが行われている。その場合、全方位的な性能の向上を目指す場合には、全ての要因を同時に考える重回帰分析モデルや分散分析モデルを当てはめて、その効果を検討する。

　しかし、資金や市場動向などの制限で全ての要因効果を高めるよりは、ある特定の要因効果のみを他と際立たせることで差別化を図ることも考えられる。そのような場合には、応答変数の値を説明する差別化のための要因を探る決定木（学習）を用いることができる。

　ある料理店チェーンでは高級志向の料理店を出すことを計画している。しかし、多くの有名店があるので、例えば「海鮮ならば＊＊」のように、ある要因を際立たせることで差別化を行うことにして、それをセールポイントとする。そのために他店の評価データを収集して、差別化にはどの要因が重要かを調べることにした。

　店の種類としては、和食かフレンチどちらかにし、出店場所は東京か横浜のどちらかとすることが決定された。改善目標としてはミシュランの星の獲得と

した。これらの店のいくつかについて、料理・味、サービス、雰囲気、CP、酒・ドリンク、ジャンル、場所についてデータを収集した。

Plan

まずは、全ての要因での傾向を知るために、重回帰分析を実施する。その後、どのような要因がミシュランの星数を予測できるかを探るために**決定木**を適用する。

> 〈ワンポイント解説〉決定木と回帰木
>
> 回帰分析や分散分析では事前に仮説を立て、その要因で結果を説明するモデルをデータに当てはめる。一方、応答変数のデータを、ある説明変数のデータを用いて分析する学習方法も考えられる。これが決定木である。応答変数が質的データである場合の方法を**決定木**、量的データである場合の方法を**回帰木**と呼び区別する。これは、分割基準が異なることによるもので、手順的にはほぼ同じである。
>
> 応答変数のデータを2つ以上のグループに分割した場合に、そのグループ内は「まとまって」おり、グループ間は「離れている」ような分割を説明変数の値をもとに行うことを繰り返していく。分岐してできた分岐木の剪定（枝刈り）により結果が変わるなど、アルゴリズムに依存するところが多く、結果の安定性などは曖昧であるが、結果がわかりやすいことから実際の場面では多く用いられている。
>
> 例として、収入を性別、年代、業種で説明する場合に、初めに業種の2つのグループで分割されたとしよう。この場合、一方のグループに含まれるデータをさらに分割したところ、年代が次に重要な要因として取り上げられ、他方のグループでは再度業種の再分割が取り上げられるような場合である。

決定木の結果は**図7.2.1**のような分岐木として表現される。

決定木では、応答変数が質的データか量的データであるのか、説明変数が質

的データか量的データで分岐のために採用する基準を選ぶことができる。分岐の方法としては、C5.0、CART、CHAIDがよく知られている。それぞれの手法では分岐の基準として**表7.2.1**を採用している。したがって、同じデータに対して決定木学習を適用した場合でも得られる分岐木は手法により異なる。

ここでは、ミシュランの星を質的データとして扱い決定木を適用する。考慮する要因としては2レベルまでの分岐で検討する。

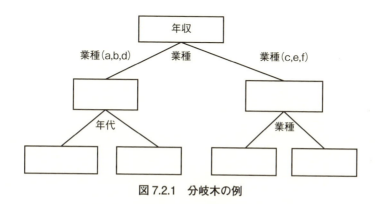

図7.2.1 分岐木の例

表7.2.1 分岐の手法

手法	基準
C5.0	エントロピーにもとづくゲイン比
CART	GINIインデックス（GINI係数）
CHAID	F値またはχ^2値

Do

データを東京と横浜の45店について、インターネットでの評価データ（平均）を収集した（**表7.2.2**）。

表7.2.2　料理店の評価データ（1）

料理・味	サービス	雰囲気	CP	酒・ドリンク	ジャンル	場所	星の数
3.54	3.4	3.54	3.28	3.05	和食	東京	1
3.57	3.5	3.56	3.5	3.38	和食	東京	1
4.28	4.19	4.17	4.11	4.26	フレンチ	東京	1
3.77	3.69	3.94	3.38	3.77	和食	東京	1
4.07	4.11	3.83	4.04	3.65	和食	東京	1
3.64	3.68	3.52	3.88	3.52	和食	東京	1
4.01	3.97	3.88	3.88	3.95	和食	東京	1
4.17	3.99	3.95	4.2	4	フレンチ	東京	2
4.25	4.04	3.93	3.55	3.87	フレンチ	東京	2
3.22	3.1	3.24	3.07	3.03	フレンチ	東京	2
4.21	3.61	3.77	3.71	3.69	和食	東京	2
3.72	3.51	3.51	3.4	3.52	和食	東京	2
4.12	4	4.01	3.83	3.84	和食	東京	2
4.13	4.21	4.03	3.83	4	フレンチ	東京	2
4.11	4	3.88	3.7	3.56	和食	東京	2
3.51	3.52	3.55	3.1	3.17	和食	東京	2
4.45	4.42	4.58	3.55	4.13	フレンチ	東京	2
4.55	4.09	4	4	3.86	和食	東京	3
4.39	4.27	4.31	4.06	4.22	和食	東京	3
4	3.64	3.72	3.61	3.54	和食	東京	3
3.95	3.77	3.9	3.64	3.56	和食	東京	3
4.5	4.31	4.27	4.07	4.29	フレンチ	東京	3
3.91	3.54	3.59	3.43	3.59	和食	東京	3
4.43	4.36	4.47	3.56	4.28	フレンチ	東京	3
3.55	3.53	3.52	3.29	3.34	和食	東京	3
4.48	4.35	4.06	4.07	3.91	和食	東京	3
4.39	3.79	4.01	4	3.52	和食	東京	3
4.05	4	3.98	3.75	3.72	和食	東京	3
3.59	3.47	3.5	2.93	3.24	和食	東京	3
4.37	4.12	3.92	3.41	3.77	和食	東京	3
3.59	3.58	3.56	3.59	3.51	和食	横浜	1
3.58	3.51	3.57	3.1	3.1	和食	横浜	1
3.43	3.4	3.28	3.4	3.41	和食	横浜	1
4	3.95	4.02	4.18	3.28	和食	横浜	1
3.81	3.83	3.7	3.54	3.53	和食	横浜	1
3.78	3.59	3.63	3.76	3.45	フレンチ	横浜	1
3.54	3.51	3.55	3.02	3	和食	横浜	1
4.19	4.06	4.18	4	3.73	和食	横浜	1
3.85	3.8	3.79	3.59	3.41	和食	横浜	1
3.65	3.65	3.6	3.54	3.29	和食	横浜	1
3.53	3.57	3.61	3.53	3.47	和食	横浜	1

表7.2.2 料理店の評価データ (2)

料理・味	サービス	雰囲気	CP	酒・ドリンク	ジャンル	場所	星の数
3.87	3.54	3.86	3.56	3.03	和食	横浜	1
3.55	3.51	3.51	3.51	3.56	和食	横浜	2
4	3.78	3.78	4.08	3.48	和食	横浜	2
3.51	3.51	3.51	3.51	3.55	和食	横浜	2

Check

まず星の数を量的データとして重回帰分析を行う。説明変数のうち、量的データである変数についての相関係数行列を**表7.2.3**に示す。全ての量的データ間の相関が正であるので、全ての変数が関係し合っていると考えられる。

回帰分析の結果を**表7.2.4**、**表7.2.5**に示す。帰無仮説は棄却されるが、F値などもあまり大きくないので、星の数は予測できなそうである。

表7.2.3 料理店の説明変数(量的データ)間の相関係数

変数	料理・味	サービス	雰囲気	CP	酒・ドリンク
料理・味	1.000	0.895	0.888	0.685	0.787
サービス	0.895	1.000	0.915	0.668	0.843
雰囲気	0.888	0.915	1.000	0.600	0.785
CP	0.685	0.668	0.600	1.000	0.614
酒・ドリンク	0.787	0.843	0.785	0.614	1.000

表7.2.4 料理店の星を重回帰分析した結果

R^2	0.512
自由度修正済み R^2	0.419
AIC	−32.741

表7.2.5 分散分析表

要因	自由度	平方和	平均平方	F	$Pr>F$
モデル	7	15.966	2.281	5.540	0.000
誤差	37	15.234	0.412		
修正済み合計	44	31.200			

偏回帰係数などを**表7.2.6**に示す。これから、料理・味と場所が東京であることが星の数と関係していそうであるが、サービスの係数が負になっている点などは多重共線性があるかどうか検討する必要がある。

図7.2.2に予測値×星の数の散布図を示した。この図は、星1つと星2つ、星2つと星3つのように隣り合った順ではうまく予測されていない。

同じ星の数の料理店でも説明変数の効果が異なると考えられるので、決定木

表7.2.6　偏回帰係数

ソース	数　値	標準誤差	t
切片	0.116	1.416	0.082
料理・味	2.507	0.770	3.254
サービス	−0.967	0.957	−1.011
雰囲気	−0.869	0.914	−0.951
CP	−0.982	0.444	−2.215
酒・ドリンク	0.596	0.598	0.996
ジャンル−フランス	−0.222	0.281	−0.790
ジャンル−和食	0.000	0.000	
場所−東京	0.535	0.252	2.123
場所−横浜	0.000	0.000	

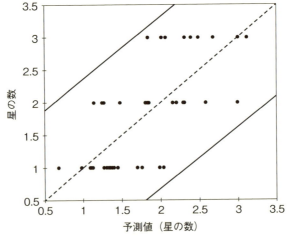

図7.2.2　重回帰分析の結果（予測値×星の数）

を用いてデータを分割することにした。分割基準としてはχ^2値をもとにして分岐させた。

2段の分岐までの結果の要約を図7.2.3に示す。箱の中の値は、星の数を数値とした場合の平均である。これから次のことが読み取れる。

・料理・味が第一の要因である。これにより星の数の多さが決まる。

・料理・味を非常に高いレベルに設定できない場合には、店を東京に出店すべきである。

・料理・味を高いレベルに設定できるならば、和食の店を出店した方が良さそうである。

この図では示していないが、料理・味を下げて東京に出店する場合には料理・味が再度判定基準の候補となり、横浜に出店する場合には酒・ドリンクが次の判定基準となる。

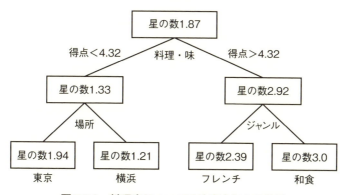

図7.2.3 料理店についての決定木による結果

Act

この結果から、料理・味は平均水準以上として東京に出店することを決定した。

索　引

あ　行

アンケート ……………………………… 3
一元配置分散分析 ……………… 24、96
因果関係 ………………………… 20、57
円グラフ ………………………………… 4
応答変数 ………………… 14、57、64
折れグラフ ……………………………… 7

か　行

回帰木 ………………………………… 152
回帰係数 ……………………………… 64
回帰モデル …………………………… 119
帰無仮説 ……………………………… 86
局所管理 ……………………………… 26
許容限界 ……………………………… 53
区間推定 ……………………………… 76
決定木 ………………………………… 152
決定係数 ………………………… 16、71
顕在変数 ……………………………… 14
交絡 …………………………………… 99
誤差 ……………………………… 13、15
五数要約 ……………………………… 47

さ　行

最小2乗法 …………………………… 64
最小値 ………………………………… 47
最大値 ………………………………… 47

三元配置分散分析 …………………… 113
残差 …………………………………… 13
散布図 ………………………………… 8
試行 …………………………………… 28
指数分布 ……………………………… 35
質的データ …………………………… 14
実験 …………………………………… 2
実験計画法 …………………………… 24
四分位範囲 …………………………… 48
重回帰モデル ………………………… 121
自由度 ………………………………… 67
自由度調整済み決定係数 …………… 125
主効果 ………………………………… 99
水準 ……………………………… 23、57
正規分布 ………………………… 32、39
説明変数 ………………… 14、57、64
潜在変数 ……………………………… 14
相関関係 ………………………… 20、56
相関係数 ………………… 20、66、71

た　行

第1四分位数 ………………………… 47
第1種の過誤 ………………………… 87
第3四分位数 ………………………… 47
対数尤度法 …………………………… 138
第2四分位数 ………………………… 47
第2種の過誤 ………………………… 87

対立仮説	86
多重共線性	123
ダミー変数	127
単回帰分析	64
中央値	47
中心極限定理	75
直交配列表	114
データ収集	2、13、26
等分散性	82
特性要因図	13
独立性	29

な 行

| 二元配置分散分析 | 106 |
| 二項分布 | 29 |

は 行

箱	47
箱ひげ図	47
反復	26
ヒストグラム	6
標準化残差	70
標準誤差	51
標準偏差	18
分岐木	152
分散	49
分散比	83
分散分析表	67
平均	49
平方和	66

偏回帰係数	122
偏相関係数	123
偏差平方和	67
ポアソン過程	35
ポアソン分布	32、35
棒グラフ	4

ま 行

| 無作為化 | 26 |

や 行

尤度法	138
要因	2、57
予測値	15

ら 行

量的データ	14
累積相対度数	47
連続型一様分布	75
ロジスティック回帰モデル	135

英字・ギリシャ文字

AIC	138
Fisherの3原則	26
PDCAサイクル	10
ROC	139
t検定	85
z検定	85
χ^2分布	93

【著者紹介】

今泉　忠（いまいずみ　ただし）
多摩大学経営情報学部経営情報学科長・教授、大学院ビジネスデータサイエンスコース長
日本分類学会会長、日本行動計量学会理事、統計検定運営委員会委員、統計教育大学連携ネットワーク（JINSE）運営委員
1976年、立教大学社会学部産業関係学科卒業。
1983年、東京工業大学大学院総合理工学研究科博士後期課程単位取得満期退学。
1989年、多摩大学経営情報学部助教授。
1995年、同大学経営情報学部教授。
2002年から2008年まで同大学経営情報学部長。
著書：「パソコンによる多次元尺度構成法」（共立出版）、「統計学基礎」（東京図書）

平野　健次（ひらの　けんじ）
職業能力開発総合大学校生産管理系准教授
1990年より高度ポリテクセンター生産管理・流通系で在職者の教育訓練に従事。
2003年、東京工業大学大学院社会理工学研究科博士課程修了。
2006年より職業能力開発総合大学校に勤務。
著書：「機械用語大辞典」（共著）（日刊工業新聞社）、「総合的ものづくり人材教育訓練コース開発に係わる調査・研究」、「総合的ものづくり人材教育訓練コース事例」（能力開発研究センター）、「ものづくりマネジメントと情報技術」（共著）（静岡学術出版）など

製造業のための統計の教科書　　　　NDC 417

2015年2月26日　初版1刷発行

　　　　　　　　　　　©著　者　　今　泉　　　忠
　　　　　　　　　　　　　　　　　平　野　健　次
　　　　　　　　　　　発行者　　井　水　治　博
　　　　　　　　　　　発行所　　日刊工業新聞社
　　　　　　　　　　　〒103-8548　東京都中央区日本橋小網町14-1
　　　　　　　　　　　電話　03（5644）7490（編集部）
　　　　　　　　　　　　　　03（5644）7410（販売部）
　　　　　　　　　　　ＦＡＸ　03（5644）7400
　　　　　　　　　　　振替口座　00190-2-186076
　　　　　　　　　　　ＵＲＬ　http://pub.nikkan.co.jp/
　　　　　　　　　　　e-mail　info@media.nikkan.co.jp

　定価はカバーに表示　　　　　印刷・製本　　美研プリンティング
　されております。

落丁・乱丁本はお取替えいたします。　　　　　2015 Printed in Japan
ISBN978-4-526-07369-4
本書の無断複写は、著作権法上の例外を除き、禁じられています。